FRANK GOTTA

Aus einem goldenen Apfel

Der Apfelwein — un was es driwwer
zu saache gibt

SOCIETÄTS-VERLAG

Mit 4 farbigen, 16 einfarbigen Bildtafeln und 51 Textabbildungen.

Die Vignetten auf den Seiten 8, 18, 19, 37, 59, 74, 85, 89, 115, 120 zeichnete Peter von Tresckow, die Zeichnungen auf den Seiten 97 und 111 stammen von Lino Salini.

Zweite Auflage 1987

Umschlagentwurf August Wolf
Satz Maschinensetzerei Janß, Pfungstadt
Printed in Germany 1987
ISBN 3 7973 0346 7

Inhalt

Vorwort

oder über die Bedeutung des Gegenstands

Kein Buch ohne Vorwort, erst recht nicht, wenn es um eine bedeutende Sache geht. Im folgenden geht es um Apfelwein. Welche Bedeutung er wirklich hat, läßt sich allerdings nur erahnen. Manche, die ihn trinken, messen ihm einen sehr hohen Wert, manche nur einen höheren Wert bei. Irgendeinen Wert messen ihm alle bei, die ihn trinken. Wirtschaftlich betrachtet ergibt sich sein Wert vor allem aus den Kosten der Herstellung; die jedoch nichts damit zu tun haben, was er in der Wirtschaft kostet. Da gewinnt er wieder einen ganz anderen Wert. Wir haben schon Schoppen getrunken, dafür hätte es woanders drei gegeben.

Was man sicher nicht sagen kann, ist, daß ihm Wert aufgrund seiner Knappheit, wie das wirtschaftlich heißt, beizumessen ist. Ähnlich wie Niersteiner Domtal oder Liebfrauenmilch, ist auch der »Hohenastheimer« (fast) beliebig vermehrbar. Andererseits läßt sich nicht leugnen, daß sich Apfelwein vom edlen Traubenwein außer im Namen auch in anderen Merkmalen wiederum unterscheidet. Manche schmecken den Unterschied sogar und schwören: »Kaan Vergleich, nur gesünder isser«, der Apfelwein. Sie müssen es wissen.

Man sollte solche Vergleiche aber gar nicht erst anstellen. Sonst ergeht es einem wie jenem, der von Sachsenhausen nach Würzburg gefahren war, »um emal richtische Wei zu prowiern«. Nachdem die Probe zu Ende war, glaubte er, ebenfalls ein paar passende Worte sagen zu müssen. Brav hat er sich bedankt, wie schön alles gewesen sei und wie gut, und daß man ja geradezu Nachbarn sei, und daß auch in Frankfurt »en Wei« getrunken würde, »un kaan schlechte«. Und er hat eine weite Brücke geschlagen, von Main zu Main, von Wein zu Wein, vom Rebenwein zum Apfelwein, und er hat angefangen zu erzählen, und zu erzählen, vom Stöffche und vom Bembel, vom Süße und vom Rauscher, und die Gesichter um ihn herum wurden immer eisiger, das Schweigen immer tiefer, bis es schließlich auch ihm auffiel, und er setzte sich hin. »Hab ich ebbes falsch gemacht?«, hat er seinen Tischnachbarn gefragt, aber der hat nur den Kopf geschüttelt. »Natürlich hast du etwas falsch gemacht, du Dussel. Wenn man Bocksbeutel trinkt, soll man den Apfelwein nicht loben, denn alles nur zu seiner Zeit.« So, das war's, und nun zur Sache, wohlan, der Boden ist bereitet.

Ein Dachdecker ist bei Ausübung seines Berufes abgestürzt. Leute eilen herbei und betreiben Unfallhilfe. Man spritzt ihm Wasser ins Gesicht, damit der Mann wieder zu sich kommt. Als er die Augen aufschlägt und merkt, daß ihm Tropfen am Bart runterrinnen, probiert er kurz mit der Zunge den Geschmack und schreit dann ärgerlich:
„Wie hoch muß mer dann falle, bis mer wenichstens en Schobbe Ebbelwei krieht?"

Der Stoff botanisch betrachtet

Aus einer feinen Familie

In Frankfurt ist folgende Anekdote bekannt: In einer Sachsenhäuser Apfelweinwirtschaft gehen die Fässer zur Neige. Doch der Wirtsraum ist noch voller Gäste, es wird reichlich gegessen und gezecht. Einerseits will der Wirt die Stimmung nicht verderben, andererseits ist ihm auch das Geschäft lieb. Schließlich gibt er dem Hausfaktotum den bösen Auftrag, das Stöffche im Keller mit Wasser zu verdünnen. Eine Zeitlang geht's auch gut. Bis dann im Keller der erstickte Schrei von oben zu vernehmen ist (der heute auch bei anderen Gelegenheiten noch hin und wieder ausgestoßen wird): »Philipp, hör uff! Sie merke's!«

Was damit gesagt werden soll? Auch im Apfelwein ist natürlich Wasser, aber das war auch schon im Apfel, und wird, anders wie beim Bier, nicht erst hinzugefügt, und schon gar nicht im Keller. Der Frankfurter Lokalpoet Paul Quilling (1846–1904) hat die Geschichte – noch etwas verwickelter – in Verse gefaßt. Das Gedicht finden Sie hinten im Kapitel mit all den anderen Reimen auf den Apfelwein.

Apfelwein ist eines der reinsten Getränke. Er wird allein aus Früchten hergestellt. Alles was im Glase ist, kommt von Äpfeln. Allenfalls werden einige Birnen oder Quitten hinzugegeben, was dem Wein jedoch keineswegs schadet, wie später noch erklärt wird. Entscheidend, genauso wie beim Rebenwein, ist die Qualität der Früchte. Also muß sich zuvörderst einmal auf den Apfel oder besser auf die vielen verschiedenen Äpfel alle Aufmerksamkeit richten. Und damit wird es auch schon gleich ein bißchen akademisch. Der Apfel stammt, »glaabe Se 's oder glaabe Se 's net«, aus der feinen Familie der Rosenholzgewächse. Er ist sozusagen aus der Rose entsprungen, zwar schon in grauer Vorzeit, aber die Botaniker sind sich sicher.

Wann dieser Sprung zum Apfel stattgefunden hat, weiß natürlich niemand genau. Es dürfte seitdem einiges Wasser den Main hinuntergeflossen sein; so vor 10000 Jahren vielleicht? Der Sprung dürfte wohl auch kein plötzlicher Sprung gewesen sein, sondern der Apfel, wie wir ihn kennen, hat sich ganz allmählich aus der Rosenblüte herausgeschält, zunächst auf natürliche Weise, später wurde er dann durch Züchtung weiterentwickelt. Ganz am Anfang wuchsen die Äpfel, wie es sich für Mitglieder der Rosenfamilie gehört, nicht nur auf Bäumen, sondern sie hingen auch an Sträuchern. Erst anschließend kamen sie durch Züchtung nur noch auf den Baum.

Diesen Strauchäpfeln, so auch die botanische Bezeichnung, trauert man heute geradezu ein bißchen nach; wären sie doch, anstatt mit Leitern auf Bäume zu klettern, äußerst praktisch vom Boden aus zu pflücken. Angesichts der hohen Lohnkosten und der Mühe bei der Ernte versucht man inzwischen die Äpfel wieder tiefer zu hängen und züchtet Niedrigstamm-Bäume, die auch leichter zu pflegen sind. Der eingeschlagene Weg verspricht Erfolg. Die neue Apfelbaum-Generation wächst, anstatt bis zu 8 Meter, nur noch etwa drei bis vier Meter hoch und trägt schon erste Früchte. Umfangreiche Versuchsanlagen wurden vor einigen Jahren im Vordertaunus angelegt.

Doch noch einmal zurück zu den Uräpfeln. Daß der Apfel in der Menschheitsgeschichte eine entscheidende Rolle gespielt hat, ist hinlänglich bekannt.* Weniger bekannt dürfte allerdings sein, daß Adam und Eva die Frucht vom Baum der Erkenntnis keineswegs aus sündhafter Neugierde brachen. Sondern Adam waren zweifellos schon die Grundlagen der Apfelweinherstellung bekannt. Zumindest behaupten das die Frankfurter:

Schon der Adam im Paradiese
preßte die Äppelcher zu Siesse.

Die ersten handgreiflichen Spuren von Äpfeln stammen jedoch nicht aus dem Garten Eden, sondern aus der Schweiz. An den Ufern der Schweizer Seen, dort wo früher Pfahldörfer standen, haben Archäologen in der konservierenden Moorerde die ältesten Kulturäpfel, den sogenannten Pfahlbauapfel, gefunden. Die Experten schätzen ihn auf über 5000 Jahre. Diese Früchte müssen damals sehr sauer gewesen sein und hatten, ähnlich der Hagebutte, wenig Fruchtfleisch und viel Kerngehäuse. Trotzdem sagten diese wilden Äpfel unseren anspruchslosen Vorfahren offenbar zu. Noch immer wächst diese Urform des Wild- oder Holzapfels, der genannte Strauchapfel (pirus punenta), in den Wäldern des Kaukasus.

Heute besteht kein Zweifel mehr, daß der Apfel zu den ältesten Früchten der Erde zählt. Die Urheimat der Pflanze, das sogenannte Genzentrum, wie die Biologen sagen, liegt in West- und Zentralasien, in der Gegend zwischen dem Kaspischen und dem Schwarzen Meer. Dort soll übrigens auch die Birne herstammen. Das Verbreitungsgebiet der Wildäpfel reicht von den Pyrenäen im Westen bis zum Tien-schan-Gebirge nördlich des Himalaja. Die Stadt Alma Ata am Rande des Tien-schan ist umgeben von Apfelbaumwäldern und heißt deshalb auch »Stadt der Äpfel«.

Vom Wildwuchs zur Kultur

Der Wildapfel wurde zunächst durch einfache Auslese der besten Typen weiterentwickelt. Der hohe Kulturstand unserer heutigen Äpfel ist aber erst durch gezielte Züchtung erreicht worden. Die ersten Kulturäpfel in Europa entstanden aus einer Kreuzung des wilden Holz- und des Paradiesapfels. Bis aber der Apfel in Europa heimisch wurde, hat er eine lange Wanderung zurückgelegt. Zur Zeit Ramses' II. (1292–1225 v. Chr.) gelangte er über Syrien nach Ägypten, wo er im fruchtbaren Nildelta angepflanzt und kultiviert wurde. Äpfel zählten zum Tafelobst der Priesterkönige. Noch vor Christi Geburt erreichte er dann Griechenland, wo er bereits in die Literatur einging. Homer beschreibt in der Odyssee, daß im Garten des Laertes neben Birnen und Feigen auch Äpfel wuchsen. Schließlich ge-

* Der sogenannte Paradiesapfel oder Adamsapfel ist eine Wildform des Apfels. Der Ausdruck wird aber auch volkstümlich für Tomate und verschiedene Zitrusfrüchte verwandt. Bei dem »biblischen« Apfel könnte es sich ebenfalls um eine Zitrusfrucht gehandelt haben. Andere behaupten, der Baum der Erkenntnis sei ein Feigenbaum gewesen. In der Bibel fehlt dazu jede nähere Beschreibung. Es heißt immer nur »der Baum« und »die Frucht«.

langte er in den Beuteln römischer Legionäre auch in unsere Gefilde; schon in unterschiedlichen Sorten, wie es in alten Überlieferungen heißt. Tacitus erwähnt Äpfel in seiner »Germania«. Heute sind Apfelbäume weltweit verbreitet, besonders in den gemäßigten Klimazonen.

Von den Römern haben die Germanen auch die Kunst der Veredelung von Obstbäumen gelernt. Viele Funde in Deutschland weisen auf eine sehr alte und hochstehende Obstkultur hin, deren Ursprung noch vor dem Einfall der Römer zu suchen ist. Darauf weist besonders Hermann Schad hin in seinem Anfang der fünfziger Jahre verfaßten Heftchen »Der Apfelwein und seine Geschichte«. Schad stützt sich bei seinen Überlegungen auf den aus Weißenfels an der Saale stammenden Germanisten Moritz Heyne (1837–1906). Heyne hat sich in einem sehr umfangreichen Werk »Das deutsche Nahrungswesen, von den ältesten Geschichtlichen Zeiten bis zum 16. Jahrhundert« ausführlich mit diesen Fragen beschäftigt. Er schreibt, daß in der alten Gesellschaftsordnung der Germanen Feld, Wiese und Wald gemeinsamer Besitz waren. Während Wiese, Wald und Weide noch lange Zeit der ganzen Gemeinde gehörten, schied das Feld aus, blieb aber in gemeinsamer Bewirtschaftung, im sogenannten »Esch«. Der eigene Grund und Boden der germanischen Haushalte, das »Sondereigentum«, begann beim sogenannten Hausland und der Hofstatt. Aus dem Hausland hob sich nach und nach der Garten ab, wo vor allem Obst, Gewürzkräuter und Arzneipflanzen gezogen wurden. An der Spitze stand der Apfelbaum.

Während der ersten christlichen Jahrhunderte, nach dem Kontakt mit den Römern, blühte die Obstkultur auf. In den kultivierteren Gegenden, zwischen Maas und Rhein, wuchsen außer Äpfeln auch Kirschen, Birnen, Pflaumen, Pfirsiche, Quitten sowie Nüsse und Kastanien. Nach Heyne sind mit Ausnahme des Apfels, den man als Holzapfel kannte, und der Nuß die Namen aller anderen Obstsorten aus dem Lateinischen übernommen worden. Allmählich nahm die deutsche Obstzucht eine eigene Gestalt an. Bereits im achten Jahrhundert wurden verschiedene Apfelsorten nach süddeutschen Orten benannt. Sie hießen unter anderem Gozmaringa und Geroldinga. Bis in unser Zeitalter hat sich, wie Heyne betont, nur der »Borsdorfer« gehalten. Er wurde nach seinen Angaben im Klostergut Borsendorf bei Dornburg an der Saale von Zisterziensern gezogen.

Zum Beweis seiner Thesen führt Heyne die von Karl dem Großen herausgegebenen »Capitulare de villis« an. In diesen in lateinischer Sprache verfaßten Verordnungen für die Gemeinden sind die genannten Apfelsorten aufgeführt. Die große Bedeutung des Apfels im damaligen Garten ergibt sich auch daraus, daß da, wo in den Capitularen von einem Pomarium die Rede ist, ganz allgemein ein Obstgarten darunter verstanden wurde. Der Apfelbaum war das vorherrschende Gewächs. Karl der Große ließ davon ganze Plantagen anlegen. Schon damals war auch die heilsame Wirkung von Äpfeln bekannt. Seitdem ist der Apfel in Deutschland das am meisten verbreitete Kernobst geblieben. 1938 standen östlich und westlich der Elbe rund 85 Millionen Apfelbäume, heute sind es in der Bundesrepublik noch etwa 12 Millionen. Nur 3,5 bis 5 Prozent der gesamten Ernte fallen in Hessen an, das damit zu den kleinsten Produktionsländern zählt.

Alles dreht sich um den Apfel

In der Menschheitsgeschichte, in der bildenden Kunst oder in der Literatur haben der Apfel und der Apfelbaum während der vergangenen Jahrhunderte bleibende Spuren hinterlassen. Die Welt drehte sich geradezu um den Apfel. Die erste bekannte Abbildung der schicksalhaften Frucht wurde schon im dritten Jahrhundert nach Christus gezeigt, Adam und Eva einen Apfel essend. Im Mittelalter erscheint der Reichsapfel mit einem Kreuz gekrönt bei den Kroninsignien symbolisch als Zeichen der Machtvollkommenheit. Im Volksglauben gilt der Apfel schon immer als Sinnbild der Liebe, Fruchtbarkeit, Jugendkraft und Schönheit, in der christlichen Kunst, in der Hand Evas, wird er aber auch als Sinnbild der Sünde angesehen. Auf Mariendarstellungen ist er seit dem 11. Jahrhundert Zeichen der überwundenen Erbsünde.

Eine ganz besondere Bedeutung hat die Apfelblüte für die Meteorologen. Sie markiert nämlich in Europa den Frühlingsbeginn. Er wird in der Meteorologie nicht nach dem Kalender, sondern nach dem Stand der Apfelblüte festgelegt. Er beginnt exakt am 21. März in Algarve in Portugal und begibt sich dann auf die Wanderschaft nach Norden. Zehn Tage später soll er im Raum Malaga eintreffen. Wann der Frühling gerade wo ist, läßt sich sogenannten Mittelwertskarten entnehmen, die das Wetteramt in Offenbach ausgeknobelt hat. Sachen gibt's, da staunt man nur.

Um den Apfel ranken sich ungezählte Geschichten, Sprüche und Redeweisen. In der Bibel (Sprüche 25, 11) findet sich das bildhafte Gleichnis:

> Ein Wort, geredet zu seiner Zeit,
> ist wie güldene Äpfel auf silbernen Schalen.

Vom Apfel der Zwietracht, dem Erisapfel oder Zankapfel, ist bei den griechischen Klassikern Homer, Vergil und Euripides die Rede. Von allen Göttern war nur Eris nicht zur Hochzeit von Peleus und Thetis eingeladen. Aus Rache warf sie einen goldenen Apfel unter die Gäste, der die Aufschrift trug: »der Schönsten«, was erwartungsgemäß zum Streit zwischen Hera, Athene und Aphrodite geführt hat. Siegerin dieser ersten bekannten Schönheitskonkurrenz wurde bekanntlich Aphrodite aufgrund eines Urteils des Paris. Auch in anderen griechischen Sagen tauchen immer wieder Äpfel auf. Im Garten der Hesperiden wuchsen goldene Äpfel, deren Genuß ewige Jugend versprach.

Bildungsbeflissene greifen auf den Lateiner Horaz (Satiren 1, 3, 6) zurück, welcher das geflügelte Wort prägte:

> Ab ovo usque ad mala

und damit meinte von Anfang bis Ende. Vom Anfang des Mahles, wenn Eier gereicht wurden, bis zum Ende, wenn man die Früchte auftrug.

Schiller macht die Frucht im »Wilhelm Tell« zur zentralen Utensilie auf der Bühne:

»Du wirst den Apfel schießen von dem Kopf des
Knaben – ich begehr's und will's«,

fordert der fürchterliche Landvogt Geßler. Weniger martialisch äußert sich Goethe im Faust:

»Der Äpfelchen begehrt ihr sehr...«,

läßt er die Hexe auf dem Blocksberg zischeln und meint damit recht Eindeutiges. Auch der Ausspruch:

»Über Rosen läßt sich dichten
In die Äpfel muß man beißen«

wird unserem größten Dichterfürsten zugeschrieben. Im Volk heute am meisten gebraucht ist wohl das plausible Wort: Der Apfel fällt nicht weit vom Stamm oder, wie man in Frankfurt sagt: ... nicht weit vom Gaul. Womit der Apfel endlich gefallen wäre und wir uns seine Verwendung ansehen können.

Kragstein Große Rittergasse 19 in Sachsenhausen

Vom Baum ins Glas (Die Herstellung)

Wer kennt die Sorten, nennt die Namen...?

Leider ist aber nicht jeder Apfel, der vom Baume fällt oder gepflückt wurde, als Rohstoff zur Äpfelweinherstellung gleichermaßen gut geeignet. Züchtungen und Mutationen haben über die Jahrtausende hinweg zu einer außerordentlichen Vielfalt geführt. Niemand weiß genau, wie viele Sorten es gibt, aber Fachleute schätzen, so um die 20000 dürften es schon sein, und die Züchtungen gehen weiter. In Deutschland kennt man etwa 1500 Sorten. Die meisten spielen allerdings weder beim Verzehr noch bei der Weiterverarbeitung irgendeine Rolle. In jüngster Zeit wurde deshalb versucht, möglichst wenig Sorten in möglichst großen Mengen zu produzieren. Doch auf diesem Weg folgten die Verbraucher nur begrenzt. Die Geschmäcker ändern sich, und damit ändert sich auch die Nachfrage. Heute werden zum Essen eher säuerlich-herbe Äpfel bevorzugt, früher biß man lieber in etwas Süßeres.

Der zur Zeit in Europa am meisten verbreitete Eßapfel ist der Golden Delicious, die Züchtung eines amerikanischen Hobbygärtners, goldgelb und saftig. Auf ihn entfallen in Frankreich fast zwei Drittel der Produktion, in Italien deutlich mehr als ein Drittel. Bei uns ist nur etwa jeder fünfte Apfel ein Golden Delicious. An zweiter Stelle im deutschen Anbau liegt der Cox Orange, offenbar beliebt auch wegen seiner zimtartigen Würze. Der Verbrauch von Speiseäpfeln schwankt von Region zu Region. Im Durchschnitt verkauft der Einzelhandel zum Beispiel in Norddeutschland sechs Kilogramm pro Kopf und Jahr, in Berlin sind es bis zu zehn Kilogramm.

Daß Äpfel essen der Gesundheit dient, war, wie gesagt, schon in frühen Zeiten bekannt. Aber auch heute beschäftigt sich die Forschung noch intensiv mit der Heilwirkung von Äpfeln. So hat die Universität von Michigan vor kurzem einen umfangreichen Versuch unternommen, der geheimnisvollen Kraft des Apfels näher auf die Spur zu kommen. 650 amerikanische Studenten aßen jeden Tag einen Apfel, dies drei Monate lang. 650 andere Studenten durften in dieser Zeit keinen einzigen Apfel essen. Ergebnis der Studie: Die Apfelesser litten viel weniger unter Kopfschmerzen, nervösen Störungen und Schlaflosigkeit. Auf gut Englisch läßt sich dazu nur sagen: An apple a day, keeps the doctor away. Also, reinbeißen!

Welche Zauberkraft der Apfel erst als Apfelwein entwickelt, davon wird später noch die Rede sein.

Auf das sogenannte Tafelobst, das in gepflegten Plantagen im Marktanbau heranreift, soll jedoch hier gar nicht weiter eingegangen werden. Denn aus einem süßlichen, saftlosen italienischen Abbondanza oder Morgenduft, die aussehen, als habe sie Botticelli gemalt, läßt sich beim besten Willen kein anständiger Apfelwein keltern. Dazu wird ein rauher Boskop oder der kleine rote Trierer Weinapfel gebraucht, der so sauer ist, daß er einem beim Hineinbeißen die Schuhe auszieht. Für den besten Kelterapfel überhaupt halten Fachleute den Bitterfelder mit seinem außergewöhnlich hohen Säure- und Zuckergehalt. Andere wesentliche Kelterobstsorten sind der Winter-Rambur, der Rheinische Bohnapfel und der große Bohnapfel, Schafsnase, Borsdorfer, Brettacher, Gewürzluike, die verschiedenen

Renetten, die Wintergoldparmäne, grüner Fürstenapfel, der rote Eiserapfel, Himbacher Grüner und viele Lokalsorten. Fast alle sind spätreifend. Sie sind säurereich, würzig und saftig. Edle Obstsorten können allenfalls im Verschnitt gekeltert werden. Frühobst besitzt nur einen geringen Zucker-, Säure- und Extraktgehalt. Der daraus hergestellte Apfelwein ist alkoholarm und schmeckt fade und leer, »wie eigeschlafene Fieß«, sagen die Kenner und schütteln sich voller Abscheu. Auch hier gibt es Ausnahmen. Gewisse Tafeläpfel wie Cox und Ontario sind durchaus gut brauchbar, aber natürlich viel zu teuer.

Daß die Äpfel so extrem sauer sein müssen, hat vor allem chemische Gründe. Das wird im Kapitel »Warum die Äpfel so sauer sein müssen« näher erklärt.

Der Kelterapfel, das Aschenputtel des Obstanbaus

Die oft nur »klaane Krotze« wachsen bevorzugt auf den Hängen der deutschen Mittelgebirge heran, im milden Klima von Taunus, Odenwald und Spessart, wo aber durchaus auch mal ein rauheres Lüftchen wehen kann. Die oft recht unansehnlichen Bäume, die nur im Frühjahr mit ihrer Blütenpracht an den Spazierwegen hofhalten, führen bei den Bauern ein Aschenbrödeldasein. Verwahrlost, windschief und zerzaust stehen sie mit ihren mächtigen Kronen verstreut in der Gegend herum. Sie säumen Wege und Straßen oder schlagen ihre Wurzeln in steile Böschungen, belegen Plätze, die man vornehmeren Obstbäumen nicht mehr zumuten möchte. Kaum daß ein Landmann sich heute die Mühe macht, die Bäume zu düngen, wenigstens zu beschneiden; von Kultur weit und breit keine Spur. Man überläßt die Bäume einfach sich selbst, weils auch am billigsten ist. Streuanbau nennen die Fachleute schönfärberisch diese Art, mit Bäumen umzugehen.

Aber die mangelnde Pflege bringt auch Vorteile. Der Stoff fürs Stöffche bleibt vollkommen rein. Kein Bauer macht sich nämlich die Mühe, zur Spritze zu greifen, um die Bäume vor Schädlingsbefall zu schützen. Außer Staub und Regen fällt nichts auf die Schale. Die Chemie, im Traubenwein sehr wohl vertreten, bleibt beim Apfelwein draußen. Pflanzenschutzmittel werden praktisch (noch) nicht angewandt.

Ähnlich zufällig wie sie heranwachsen, werden die Früchte auch geerntet. »Hängt was druff, dann schickt der Bauer die Fraa zum Uffsammele, hängt nix druff, dann kommt er nächstes Jahr widder«, erklärt ein hessischer Landwirtschaftsfachmann das Verhältnis zwischen Bauer und Baum. Ob er überhaupt wiederkommt, hängt in erster Linie natürlich vom Preis ab, nämlich ob sich die Mühe überhaupt lohnt. Ein Baum trägt zwischen fünf und sieben Zentner Äpfel. Die Zentnerpreise differieren heftig von Jahr zu Jahr, von etwa sechs bis sieben Mark bis zu vierzehn und fünfzehn Mark. Nachfrage und Angebot bestimmen den Preis. In einem weniger reichen Apfeljahr kann ein mittlerer Baum etwa 50 Mark bringen. In manchen Jahren, wenn die Ernte gut ist und die Preise dementsprechend schlechter, sparen sich viele Landwirte aber sogar das Aufsammeln gänzlich. »Unser Kieh fresse aach Äppel«, sagen dann die Bauern im Odenwald und gehen ihrer Wege. In der Regel folgt auf eine gute Ernte ein weniger gutes Jahr. Die Fachleute sprechen von der Alternanz der Bäume.

Die Preise differieren zudem auch während der Saison von Mitte September bis Anfang Dezember.

Zu Beginn und gegen Ende wird zumeist etwas mehr gezahlt. Die höheren Anfangspreise verlocken manchen dazu, noch unreifes Obst anzuliefern, was dem Äpfelwein nicht gerade gut bekommt. Es ist die große Kunst der Einkäufer der großen Keltereien, den Markt richtig auszuloten und zum rechten Zeitpunkt zuzugreifen. Dazu gehört auch eine gewisse Lieferantenpflege. Schon im Frühjahr, nach der Blüte, läßt man sich beim Bauern draußen einmal sehen, um ihn ein bißchen, wie die Frankfurter sagen, »zu bekuren«. Denn, wie gesagt, auf die Erlöse aus dem Wirtschaftsobstverkauf ist heute kaum noch jemand angewiesen, es ist höchstens ein Zusatzverdienst.

Am besten sind naturgemäß vollreife Äpfel, bei denen die Säure und die Öchsle optimal entwickelt sind. Entscheidend für die Öchsle ist die Sonnenbestrahlung. In außergewöhnlich sonnigen Sommern können die Öchsle auf fast 60 Grad ansteigen, was einen entsprechend alkoholhaltigen Wein von knapp sieben Prozent und mehr zur Folge hat. Normal sind etwa 48 bis 50 Grad. Zuviel Sonne im Herbst kann, anders als bei Trauben, schaden. Die Äpfel werden mürbe und weich wie alte Brötchen und lassen sich schlecht pressen. Bei Trauben liegt die Schwankungsbreite der Öchsle zwischen 60 und 90 Grad.

Sorgen mit der Rohstoffbasis

Der ungeregelte und unübersichtliche Streuanbau schafft für die größeren Keltereien allmählich spürbare Schwierigkeiten. Während das Frankfurter Nationalgetränk auch an Elbe und Isar immer beliebter wird, schrumpft das Angebot an Kelterobst ständig. Für die zunehmende Knappheit gibt es mehrere Gründe: Zum einen hat eine massive Rodungsaktion, bei der den Bauern reizvolle Abholzungsprämien bezahlt wurden, den Apfelbaumbestand Anfang der siebziger Jahre merklich dezimiert. Zwar sollte die Axt nur an Tafelobstbäume gelegt werden, aber so genau haben es zumindest die hessischen Bauern dabei wohl nicht genommen. Auch mancher Kelterobstbaum ist für die EWG-Marktordnung gefallen, denn Wirtschaftsobst ist von Tafelobst kaum klar abzugrenzen. Zum anderen sind viele Bäume, vor allem in den ländlichen Randgebieten um Frankfurt, dem Bagger zum Opfer gefallen. Die Zeiten, als die Apfelsorte »Sossenheimer Roter« direkt vor den Hoftoren der Frankfurter Keltereien wuchs, sind längst vorbei. Der Vordertaunus im Norden Frankfurts ist inzwischen weitgehend betoniert, und im Süden, hinter dem Apfelweinviertel Sachsenhausen, sieht es auch nicht besser aus. Hinzu kommt die Mechanisierung der Landwirtschaft. Die Bäume stehen den Traktoren bei der Feldbearbeitung im Weg, also müssen sie fallen. Und auch die Flurbereinigungen, mit dem Ziel größere Flächen zu schaffen, forderten ihren Tribut. Die Bäume markierten oft die Feldgrenzen.

Es gab Jahre, da waren die Äpfel aufgrund katastrophaler Mißernten dermaßen knapp, daß Importe aus Italien und von anderswoher nötig wurden. Noch heute packt eingefleischte Frankfurter Apfelweintrinker das kalte Grausen bei der Erinnerung an diese Ungeheuerlichkeit. Der Apfelwein auf Italienisch, die Importe machten in manchen Jahren, wie zum Beispiel 1972, fast 80 Prozent der gekelterten Äpfel aus, ist den Keltereien gewaltig in die Pressen gefahren. Sie erkannten, daß der Anbau von Kelterobst intensiviert, vor allem aber den Bauern wieder schmackhaft gemacht werden mußte. Der Weg dazu führt nur über höhere Preise. Wegen der fast katastrophalen Lage ist in letzter Zeit die Aufmerksamkeit wieder mehr auf den Kelterapfelanbau gelenkt worden. Es hat dazu sogar eine Anfrage im Hessischen Landtag gegeben. Systematisch versucht zum Beispiel die Frankfurter Kelterei Possmann KG in Zusammenarbeit mit den hessischen Landwirtschaftsbehörden wieder Kultur in den Apfelanbau zu bringen. Auf Versuchsplantagen werden neue Züchtungen erprobt.

Gleichzeitig sollen die Bauern durch Aufklärung davon überzeugt werden, daß ihr Bestand von Kelterapfelbäumen in Zukunft wieder interessant wird. Sie sollen ihre Bäume düngen, beschneiden und die Schädlinge bekämpfen. Daraus folgt eine weniger ausgeprägte Alternanz, das bedeutet mehr gleichbleibende Erträge und damit auch stabilere Preise. Die nötige Pflege für einen intensiven Kelterapfelanbau schätzt man nur halb so groß ein wie den Arbeitsaufwand beim Tafelobst.

Langfristig soll sich die Mühe für alle Beteiligten auszahlen. Die Bauern erreichen höhere und weniger schwankende Einkünfte, die Keltereien eine gesicherte »Rohstoffbasis« und eine gleichmäßigere Qualität. Moderne Großkeltereien können sich heute nicht mehr allein auf Sonne, Wind und Regen verlassen. Vor allem im Odenwald, wo das Klima etwas milder ist als im Taunus oder Spessart, hofft man in den nächsten Jahren ein Massenproduktionsgebiet für Kelteräpfel aufbauen zu können.

Die Apfelweintrinker in den kleinen gemütlichen Lokalen in Sachsenhausen oder in der Umgebung von Frankfurt sehen die Entwicklung zur »Äppelwei-Industrie« natürlich mit Mißtrauen. In ihrer Brust keimen Zweifel, ob denn der »Industrieschoppe« auch noch so schmecken wird, wie der heutige. Und skeptisch stecken sie ihre geröteten Nasen noch tiefer ins geriffelte Glas. Am schlimmsten freilich wäre es, wenn der Apfelwein eines Tages mangels Rohstoff knapp würde. Das wäre erst recht die Katastrophe.

Die Äpfel rollen an

In den ersten Septembertagen ist es dann soweit. Die Äpfel rollen an und türmen sich in den Höfen zu riesigen rot, grün und gelb gesprenkelten Bergen. Der Anblick ist überwältigend, und schon jetzt ziehen sich zwischen Gaumen und Zunge die ersten Geschmacksfäden zusammen. Die großen industriellen Keltereien machen den Anfang. Das Gut kommt per Eisenbahnwaggon, Lastwagen oder auch sackweise per Handkarren aus der Nachbarschaft. Bei einigen kleineren Keltereien ist es möglich, kleinere Mengen der eigenen Äpfel aus dem Garten im Lohnauftrag keltern zu lassen. Diese kommen zwar ebenfalls in die große Presse, wo Apfel gleich Apfel ist, unabhängig davon, wer ihn brachte. Doch der Lieferant erhält später den Gegenwert in fertigem Wein, so daß auch wer nicht selbst keltert, so zu seinem »eigenen« Apfelwein kommt.

Die kleineren Keltereien, vor allem die wenigen selbstkelternden Apfelweinwirte, können meist noch etwas warten. Die Großen müssen zusehen, daß sie ihre Mengen schnell in die Pressen bekommen, denn die Äpfel sollen möglichst frisch verarbeitet werden, solange sie noch prall und voller Saft sind. Außerdem soll die Produktion kontinuierlich verlaufen, das heißt, die Kelterzeit muß entsprechend gedehnt werden. Aber andererseits müssen die Fässer auch bis Dezember voll sein. Man muß sich also ranhalten. Die Wirte hingegen verarbeiten ihr Obst innerhalb weniger Tage. Ihre Rohstoffbasis ist zudem gesichert. Was sie brauchen, bekommen sie meist aus der nächsten Umgebung, von Lieferanten, mit denen sie schon lange Beziehungen unterhalten. Die großen Keltereien schalten bei der Rohstoffbeschaffung noch den Zwischenhandel ein. Sogenannte »Landhändler«, die den Bauern auch das Gemüse und anderes Obst abnehmen, ihnen aber gleichzeitig zum Beispiel auch die Briketts liefern, vermitteln auch die Apfeltransporte.

Der Gang der Dinge

Wer nun genau wissen will, wie Apfelwein gemacht wird, wie die Technik abläuft und was chemisch passiert, muß sich zu einem kleinen theoretischen Seminar bereit finden. Wir versichern, daß wir uns bemüht haben, den Prozeß des Werdens so einfach wie möglich darzustellen; geheimnisvoll ist er ohnedies nicht. Zu erklären, wie ein Transistorradio funktioniert, ist sehr viel schwieriger. Zudem wird bevorzugt die Herstellung im eigenen Haushalt behandelt. Das Folgende soll vor allem auch eine Anleitung zum Selberkeltern sein. Die Darstellung stützt sich unter anderem auf das 1972 im Verlag Eugen Ulmer, Stuttgart, erschienene Buch »Die Fruchtweinbereitung«, verbesserte 6. Auflage. Die Verfasser sind Prof. Dr. Hugo Schanderl, ehemaliger Leiter des Instituts für Botanik, Gärungsphysiologie und Hefereinzucht an der Hessischen Lehr- und Forschungsanstalt für Wein-, Obst- und Gartenbau in Geisenheim/Rhein, und Prof. Dr. Julius Koch, Direktor des Instituts für Getränkeforschung GmbH in Mainz/Nieder-Olm.

Die Herstellung ergibt sich aus mehreren getrennten Vorgängen: Das Waschen, das Keltern oder Pressen, die Gärung und schließlich Filtration, Abfüllung und Lagerung. Dabei entstehen der Reihe nach: Der sogenannte Süße, der sogenannte Rauscher, der beim Wein dem »Federweißen« entspricht, und schließlich der »neue Helle«, der nach einer gewissen Zeit in Frankfurt zum »Alten« wird. Die Wandlung von der ausgepreßten Frucht bis zum fertigen Wein dauert trotz der vielfältigen Prozesse nur verhältnismäßig kurze Zeit. Die Hauptgärung beansprucht etwa vier bis sechs Wochen.

Das Waschen

Der Gang der Dinge beginnt zunächst mit dem Waschen. Dabei wird das faule, angefaulte oder schorfbefallene Obst aussortiert. Damit wird Reintönigkeit angestrebt, die aber durch nachfolgende andere Verunreinigungen wieder beeinträchtigt werden kann. Hier muß gleich mit einem falschen Glauben aufgeräumt werden, der da lautet, gerade die faulen Äpfel rundeten den Geschmack ab. Mitnichten, sie schaden bei der Gärung und machen den Wein krank. Nur gesunde Äpfel dürfen gepreßt werden. Größere Betriebe benutzen zur Auslese ein Sortierband. Die Waschanlagen können mit oder ohne Bürsten arbeiten. Im Haushalt empfiehlt es sich, die Äpfel in einer Bütte unter fließendem Wasser mit einem Reiserbesen umzurühren.

(... Un die Werm...?)

Eine Frage kommt an dieser Stelle immer wieder: »Un die Werm, die drinne sin, die sieht mer doch net?« Über die Würmer im Apfel gibt es folgendes zu sagen. Oder lassen wir dazu lieber Peter Beckert, Redakteur und Apfelweinkenner, sprechen, der dieses Problem in der Frankfurter Allgemeinen Zeitung abgeklärt hat: »Würmer aber gab's wie lange nicht. Da diese Leckermäuler, die nur das Gehäuse verspeisen, von einer Frucht zur anderen wandern, hat mancher, der Tafelobst ernten wollte, nicht einen unbeschädigten Apfel entdeckt. Das Zeug taugt nur noch für die Kelter, was hierzulande mit d gesprochen wird, also Kelder. Den Nachbar stört das nicht. ›En wormiche Appel is gesund‹, sagt er. ›Wann der Worm De De Te zu schmecke kriecht, geht er ein!‹« Das wird empfindliche Gemüter zwar nur schwerlich trösten, sie brauchen sich darüber aber trotzdem keine Sorgen zu machen. Denn, wie Beckert fortfährt: »Wenn aber der Süße zum neuen Alten geworden ist, hat Gärung aus Faß und Ballon expediert, was von Würmern geblieben sein mag.« Trotzdem, auch wurmstichige Äpfel gehören

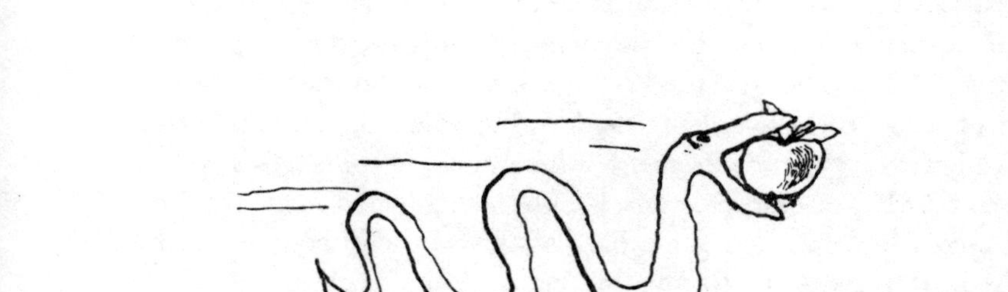

aussortiert. Im übrigen ist es aber auch so, daß die Würmer die Äpfel vor dem Pressen schon längst verlassen haben. Sowie der Apfel vom Baum gefallen ist, kriechen sie durch die Beunruhigung hinaus.

Das Mahlen und Pressen

Nach dem Waschen werden die Früchte in einer speziellen Obstmühle zerkleinert, damit die Saftausbeute beim Pressen möglichst hoch wird. Wichtig ist: Das Mahlgut darf nicht zu Mus werden. Körnige Stücke, die jedenfalls größer als eine Haselnuß sein sollten, müssen erkennbar bleiben. Nach dem Mahlen kann die Maische einige Stunden stehenbleiben, bis sie eine dunkelbraune Färbung zeigt.

Die Mühlen für die gewerblichen Betriebe brauchen hier nicht näher erläutert zu werden, sie arbeiten teilweise nach unterschiedlichen Prinzipien, es gibt Sägewalzenmühlen, Schleuderfräsen, Rätzmühlen und dergleichen mehr. Sie sind oft direkt über der Presse angebracht, damit das Mahlgut, die sogenannte Maische, über eine Dosiervorrichtung unmittelbar in die Presse gelangt.

Mit solchen Geräten läßt sich im Haushalt nicht arbeiten. Nicht selten behalf sich der Kleinkelterer deshalb früher mit einer gewöhnlichen, womöglich noch rostigen Fleischmühle, deren Verzinnung oder Emaillierung nicht mehr einwandfrei war. Durch sie wurden die Früchte hindurchgequetscht. Dabei wird, wie Schanderl/Koch schreiben, zwar die Fleischmühle blank, die Maische aber mit Eisen angereichert, das sich mit den Fruchtsäuren und Gerbstoffen zu chemischen Verbindungen umsetzt. Die Weine erhalten bestimmte Fehler und schmecken dadurch »metallisch«.

Heute werden für den Haushalt Spezialfruchtpressen angeboten, die universell einsetzbar sind, als Mahl- und Preßvorrichtung. Sie heißen im Handel »Mostmax« oder »Mostfreund« oder ähnlich beziehungsreich. Das Arbeiten damit ist bei größeren Mengen allerdings doch recht langwierig und sehr mühsam.

Wer es besser machen will, kann sich eine solide eiserne Fruchtpresse mit Spindel anschaffen. Alle Eisenteile, über die der Saft fließt, müssen mit einem säurefesten Lack überzogen werden. Auch das Holz des Pressenkorbs streicht man am besten mit einem »Lasurkelterlack«. Der Saft darf keinesfalls mit blankem Eisen in Berührung kommen. Vor dem Pressen wird das gemahlene Gut in ein stabiles Leinentuch eingeschlagen, das dem kräftigen Druck gewachsen ist. Keltertücher gibt es neuerdings auch aus Perlon. Die Tücher müssen nach Gebrauch mit heißem Wasser ausgewaschen und an der Luft getrocknet werden, um keine Brutstätten für Schimmelpilze und Essigbakterien abzugeben. Bei Spindelpressen lohnt sich unter Umständen das Auslaugen und Nachpressen der Trester. Wir gehen darauf gleich näher ein. Neben den einfachen Korbspindelpressen werden heute meistens sogenannte Packpressen mit Metallspindeln benutzt, die durch stärkeren Preßdruck eine höhere Saftausbeute ergeben. Auch für den Haushalt gibt es schon recht handliche Geräte. Für kleinere Keltereibetriebe lohnt sich vielleicht sogar eine kontinuierlich arbeitende Presse, wo der Druck von einem Schneckenzylinder übertragen wird. Dabei entfällt die Packarbeit. Normale Packpressen bleiben 20 bis 30 Minuten unter Druck. Wer ein Gerät kaufen will, muß sich auf jeden Fall ausführlich beraten lassen.

Die Industrie benutzt hydraulische Packpressen, die mit bis zu 200 atü Druck arbeiten. Die Packflächen liegen bei etwa 1,10 × 1,10 Meter. Die Packungen können bis zu 1,80 Meter aufgeschichtet werden. Mitsolchen Schnellpressen lassen sich pro Stunde vier Tonnen und mehr bewältigen. Bei Packpressen beträgt die Saftausbeute 75 bis 80 Prozent.

Bei Spindelpressen im Haushalt kann man nachpressen. Die Trester werden aufgerüttelt, mit Wasser verrührt und über Nacht zum Ziehen stehengelassen. Wichtig ist, daß die »angesetzten« Trester mit 50 mg/l schwefeliger Säure versetzt werden. Man gibt auf 100 Liter Maische eine Tablette Kaliumpyrosulfit. Die Nachpressung wird mit der ersten Pressung zusammengeschüttet. Die Wassermenge sollte nur höchstens zehn Prozent der ersten Saftausbeute betragen. Wieviel Wasser zugegeben wurde, sollte jeweils aufgeschrieben werden, um es bei einer späteren Rechnung berücksichtigen zu können. Bei der gewerblichen Herstellung von Apfelwein darf die zugesetzte Wassermenge die genannten zehn Prozent nicht überschreiten. In der Frankfurter Gegend ist die Aufbereitung des Tresters heute nicht mehr üblich. Es wird kein Wasser zugesetzt.

Im Prinzip hat sich an der Art des Kelterns seit Jahrhunderten sogar seit Jahrtausenden, nichts geändert. Schon die Römer entsafteten in hölzernen Pressen. Über die Geschichte der Geräte gibt es viele anschauliche Zeugnisse, zum Beispiel im Deutschen Museum in München. Alte Holzkeltern werden von den großen Äpfelweinherstellern gern als Schaustücke vorgezeigt, als monströse Chiffren der uralten Geschichte des Apfelweins.

Die modernen Pressen sind schneller geworden, arbeiten mit mehr Druck und lassen sich besser handhaben. In der Industrie sind sie weitgehend automatisiert. Aus 100 Kilogramm Äpfeln lassen sich mit heutigen Methoden etwa 75 bis 80 Liter Saft gewinnen. Die Industrie hat inzwischen Methoden entwickelt, mit denen sich noch einige Liter mehr gewinnen lassen. Trotzdem liegt der Apfel mit dieser Ausbeute am Ende der Skala. Auf dem ersten Platz in der Fruchtweinzubereitung steht die weiße Johannisbeere, bei der 100 Kilogramm Früchte zwischen 83 und 91 Liter Saft ergeben. Doch wer trinkt schon Johannisbeerwein?

Mer trinke Äppelwei! Awwer soweit sin mer ja noch lang net. Erst muß der Saft emal prowiert wern. Deshalb: Immer schee de Reih nach, wie bei de Äppelfraa.

Mögliche Saftausbeute bei verschiedenen Früchten

100 kg Trauben	= 65—81 l Saft
100 kg Äpfel	= 52—74 l Saft
100 kg Birnen	= 63—76 l Saft
100 kg rote Johannisbeeren	= 78—91 l Saft
100 kg weiße Johannisbeeren	= 83—91 l Saft
100 kg schwarze Johannisbeeren	= 64—75 l Saft
100 kg Himbeeren	= 65—84 l Saft
100 kg Stachelbeeren	= 72—89 l Saft
100 kg Brombeeren	= 75—91 l Saft
100 kg Erdbeeren	= 70—84 l Saft

Der Süße – kommt oft zu früh

Aus der Kelter fließt der Most. In Frankfurt heißt dieser Most »Süßer«, oder in Mundart auch »Siesse«; einfach, weil der trübe, bräunliche Saft angenehm süß schmeckt. Und mit dem ersten Süßen steigt die Stimmung. Adolf Stoltze hat das so empfunden: »Was ein rechter Frankfurter ist, der geht zur Kelterzeit mit besonders bedächtiger Nase durch die Straßen seiner Vaterstadt, wenn der süßherbe Geruch der frisch gekelterten Äpfel in der Luft liegt und der dicke braune Saft würzig den Keltern entrinnt.«

Der Süße, der noch nicht den geringsten Alkohol besitzt, sollte nicht zu früh kommen. In letzter Zeit zeichnet sich allerdings geradezu ein Wettlauf unter den Großkeltereien ab, wer den ersten Süßen auf den Markt bringt. Wer vorne liegt, macht offenbar das bessere Geschäft. Denn der erste Süße wird von den Liebhabern enthusiastisch begrüßt und auch entsprechend gekauft. Das gilt vor allem für die Lieferungen an die Wirte, die nicht selbst keltern. Sie bestellen den Süßen in der Regel nur einmal, so daß, wer von den Herstellern zu spät – wenn auch zur richtigen Zeit – kommt, meistens in die bekannte Röhre blickt.

Eine alte Bauernregel besagt, daß der Süße am besten schmeckt, wenn die Nüsse reif sind. Das ist aber in unseren Breiten erst im Oktober der Fall, und so lange müßten demnach auch die Äpfel hängen bleiben, um ihren vollen Geschmack zu erhalten. Doch diese Regel gilt schon lange nicht mehr. Beim allzu frühen Süßen muß der Verdacht bestehen, daß er nicht aus den richtigen Kelteräpfeln gepreßt wurde, sondern vor allem aus Frühobst oder wurmstichigen, notgereiften Früchten. Heute kommt der Süße in der Regel schon Mitte bis Ende September heraus und, wenn der Sommer sehr günstig war, sogar noch früher.

Auf die Dauer werden sich die Keltereien mit dem Wettlauf um die ersten Kunden sicher keinen Dienst erweisen. Denn zu zeitig geerntete Äpfel beeinträchtigen den Wein. Das Säure-Zucker-Verhältnis ist dann nicht optimal. »Zu früh gepreßt, spät gereut«, ist zwar keine Bauernregel, stimmt aber trotzdem.

Ballon, Kanister und Tank

Der Süße, soweit er nicht verkonsumiert wurde, muß dann gären. Zuvor sollte man den Saft zwei bis drei Stunden in einem Tank zur Vorklärung stehenlassen, damit sich ein Teil der unerwünschten Schwebstoffe schon absetzen kann. Anschließend zieht man den vorgeklärten Saft in die Gärgefäße. Bei der Überleitung wird ein Mostsieb aus Perlon dazwischengeschaltet. Der Saft darf nicht mit Metall in Berührung kommen. Größere Gewerbebetriebe schicken den Most auch über eine Zentrifuge, um Bakterien, Schmutz und Trübstoffe zu entfernen. Der »entschleimte« Most liefert einen reintönigeren Wein.

Für den Haushalt kommen als Gärgefäße in erster Linie Kunststoffkanister oder Korbflaschen, sogenannte Ballons, in Frage, oder auch kleinere Fässer (100 Liter Inhalt). Die Industrie benutzt größere Fässer, Stahltanks oder gemauerte, mit Glasplatten ausgelegte Behälter. Am meisten verbreitet sind heute Kunststoffbehälter, zum Beispiel aus glasfaserverstärktem Polyesterharz. Sie haben sich als Gär-, Lager-, Verschnitt- und Fülltanks bestens bewährt, auch wenn damit, romantisch, nostalgisch oder sentimental betrachtet, die Weinkultur mit Füßen getreten wird. Die Kunststoffbehälter wiegen nicht viel, lassen sich leicht reinigen, sind bakterienfrei und sehr stabil. Auch in der Kellerwirtschaft ersetzen synthetische Stoffe zunehmend das herkömmliche Holz oder Metall, nicht nur bei den Behältern.

Grundlage aller Kelterwirtschaft ist die sachgemäße Behandlung der Behälter. Apfelwein wird leichter krank als Traubenwein. Deshalb müssen sie so sorgfältig wie möglich gereinigt werden. Unsauberkeit bildet die Grundlage für schädliche Pilze und Bakterien. Makellose Behältnisse sind unabdingbare Voraussetzung für Gesunderhaltung und Bekömmlichkeit des Weins. Das Reinigen der Fässer, Tanks oder Ballone ist eine Wissenschaft für sich. Wir beschränken uns im Folgenden auf eine vereinfachte Darstellung, um die mannigfaltigen Vorgänge vor allem bei der Faßreinigung etwas zu erhellen.

Am einfachsten sind, wie gesagt, Kunststoffkanister oder die malerischer aussehenden Ballone sauberzuhalten und deshalb den Kleinkelterern unbedingt zu empfehlen. Sollte sich an den Wänden ein »Ansatz« gebildet haben, läßt er sich mit einer zweiprozentigen Sodalösung leicht abbürsten. Anschließend spült man gut mit frischem Wasser.

Das Faß

Wesentlich schwieriger lassen sich Fässer reinigen. Sobald ein Faß leer ist, muß es ausgespritzt und über Nacht stehengelassen werden. Am nächsten Tag wird es mit kaltem Wasser kräftig abgebürstet und mit heißem Wasser ausgespült. Wenn es trocken ist, beginnt das vierwöchige Einbrennen. Dazu wird auf 100 Liter Faßraum ein halber Schwefelspan benutzt. Wer das Faß sofort wieder füllen will, nimmt höchstens einen halben Schwefelspan. Der Schwefel verhindert die Schimmelbildung.

Ein mit Schwefel behandeltes Faß wird vor dem Einfüllen frischen Mostes dreimal in zweitägigem Abstand mit frischem Wasser gefüllt. Dadurch wird die schwefelige Säure entfernt. Anschließend brüht man das Faß mit einer zweiprozentigen Sodalösung, um die bereits in das Holz eingedrungene Säure zu neutralisieren.

Unter Umständen, wenn viel schwefelige Säure benutzt wurde, muß das Faß gedämpft werden. Das heißt, man legt es auf zwei Schwenkbalken mit dem Spundloch nach unten und bläst so lange Dampf ein, bis sich die Wand heiß anfühlt. Das Dämpfen wird beendet, wenn das abfließende Kondensat nicht mehr braun gefärbt ist. Der Dampf kommt aus einem kleinen Dampferzeuger. Wem eine solche Maschine fehlt, der kann das Faß auch mit heißem Wasser »welgern«, das heißt er rollt es eifrig hin und her.

Beim Brühen mit heißem Wasser ist darauf zu achten, daß der Spund nicht zu fest im Loch sitzt, da im Inneren leicht ein Unterdruck entsteht. Nach jedem Brühen wird das Faß gewässert und ausgeschwenkt, bis das Wasser klar bleibt.

Ehe der neue Most in das vorbereitete Faß läuft, muß es austropfen und erneut mit dünnen Schwefelschnitten behandelt oder mit flüssiger schwefliger Säure vergast werden. Auf 100 Liter Faßraum benutzt man fünf Kubikzentimeter flüssige schweflige Säure, die über Nacht einwirkt. Ähnlich wie eine neue Pfeife erst eingeraucht werden muß, ehe sie schmeckt, muß auch ein neues Faß erst einer gewissen Prozedur unterworfen werden. Es wird »weingrün« gemacht, die Lohe wird entfernt. Dazu muß man es mit einer zweiprozentigen Sodalösung dämpfen. Am aufwendigsten ist die Behandlung gebrauchter Fässer, die lange Zeit ohne Pflege waren oder in denen kranke Weine lagerten, zum Beispiel schimmelige und essigstichige Fässer. Oft ist dabei alle Mühe vergebens, das Faß bleibt verloren.

Ehe nun aber die Reinigung zu einem Faß ohne Boden gerät, nur noch drei Bemerkungen: In neue Fässer soll man nur geringe Obstweine einlagern, da trotz der Vorbehandlung beim Ausbau des Weines noch vom Holz lösliche Stoffe abgegeben werden.

Zweitens: Die Pflege von Tanks und Zementbehältern ist sehr einfach. Nach der Entleerung werden sie gut ausgespritzt, von innen trockengerieben und mit geöffnetem Spundloch und Faßtürchen (Mannloch) gelagert. Sind dennoch im Inneren Bakterien entwickelt worden, reibt man die Wände mit einer desinfizierenden Lösung ab. Soweit es die Auskleidungsmassen vertragen, können die Großraumbehälter auch mit Wasserdampf sterilisiert werden. Drittens: Es gibt heute Auskleidungsmassen, die vor allem dem Haushalt zu empfehlen sind. Sie verhindern das Eindringen von Bakterien in das Holz und es entsteht eine glatte, gut zu reinigende Oberfläche. Sie sind geschmacklich indifferent und verlängern die Lebensdauer der Fässer, allerdings vertragen sie keine Wärmebehandlung.

Aber, um es noch ein drittes Mal zu wiederholen, Romantik hin oder her, kleine Mengen lassen sich am günstigsten in Ballonflaschen oder Kanistern vergären. Bitte keinen falschen Ehrgeiz, der Wein aus Fässern schmeckt keineswegs besser. Das schönste Faß, unsachgemäß behandelt, verdirbt auf alle Fälle mehr, als sein erfreulicher Anblick wiedergutmachen könnte.

Ein ordentlich gebautes Faß kann bei guter Pflege bis zu zwei Generationen halten. Vor allem das Dämpfen geht ihm auf Dauer an die Substanz. Das Eichenholz muß astfrei sein. Es sollte vor dem Bau etwa sechs bis acht Jahre gelagert haben. Für kleine Fässer wird gelegentlich auch Kastanienholz benutzt. Beim Reinigen und auch bei der Reparatur ist zu berücksichtigen, daß man das Faß auch wieder verlassen muß. Schon der Einstieg durch das winzige Türchen verlangt Geschicklichkeit und eine möglichst beschränkte Leibesfülle. Man quetscht sich mit den Armen nach vorne durch die Öffnung. Otto Rumeleit, dem Wirt der »Eulenburg«, ist es passiert, daß er zwar im Faß saß, weil er während einer Reparatur zusammen mit dem Küfer den Boden abgenommen hatte. Danach aber nicht mehr durchs Türchen kam. Der Boden mußte wieder raus. Wer den Schaden hat, braucht für den Spott bekanntlich nicht zu sorgen. Der Stammtisch hatte was zu lachen.

Küfer gibt es auch heute noch, allerdings nur noch nebenberuflich. In Sachsenhausen ist dafür Meister Hinnerkopp zuständig, vom gleichnamigen Lokal.

Der Spund

Dem Fasse eigen ist ein Loch, ebenso wie auch allen anderen Gärbehältnissen. Dieses Loch gilt es vor dem Gären zu verschließen, damit keine ungebetenen Fliegen, Wanzen oder andere Insekten hineingelangen können. Außerdem schützt ein sogenannter Gärspund vor Staub, soll die Intensität und den Verlauf der Gärung anzeigen und zudem verhindern, daß von der Gärflüssigkeit Luft aufgenommen wird und so die Gärkohlensäure, die über dem Weinspiegel lagert, verdrängt. Gleichzeitig muß aber die überschüssige Kohlensäure durch die sogenannte Sperrflüssigkeit entweichen können.

Viele häusliche Fruchtweinhersteller scheinen allerdings von der Notwendigkeit eines Gärspundes nicht überzeugt, wie Schanderl/Koch bemängeln. Die Spundgegner vertreten die Meinung, daß »der Dreck herausgären muß«, und füllen die Behälter bis zum Rand voll (Übergärung). Um das Spundloch werden dann alte Lappen gelegt, die den überquellenden Schaum und »Dreck« auffangen sollen. Das bedeutet, wie die Fachleute meinen, unnötige Verluste und zudem eine akute Gefahr für die Gesundheit des Weines, da Essigfliegen und Mikroorganismen eindringen können. Der Wein wird essigstichig. Statt dessen müssen Schmutzteilchen, die der Saft enthält, nicht nach oben herausgären, sondern sich nach der Gärung mit der Hefe absetzen. Der Schmutz wird beim ersten Abstich mit dem Hefetrub entfernt.

Andere Selbstkelterer benutzen zwar einen Gärspund, aber in ungeeigneter Form. Aus Glasrohren und Fläschchen werden irgendwelche Konstruktionen gebastelt, die weitgehend untauglich sind. Geeignet und üblich sind dagegen die »Nesslersche Gärröhre« oder eine Abwandlung, der »Gärspund nach Kroemer«. Für größere Behälter ist ein Gärspund aus Keramik zu empfehlen. Wichtig ist, daß nach vollendeter Gärung aufgrund des im Faß entstandenen Unterdrucks die ausgetretene Flüssigkeit und die sogenannte Sperrflüssigkeit nicht zurückgezogen werden. Deshalb sollte auch nicht zuviel Sperrflüssigkeit eingefüllt werden. Als Sperrflüssigkeit verwendet man Wasser mit der Zugabe von Kaliumpyrosulfit oder Salz, um sie vor Fäulnis zu schützen.

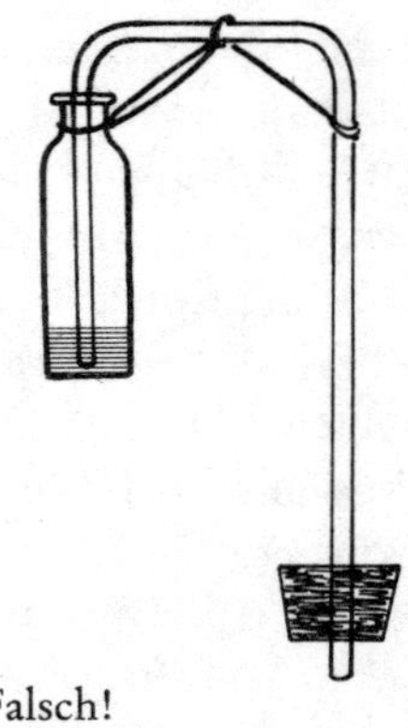

Falsch!
Behelfsmäßig hergestellt,
wenig tauglich

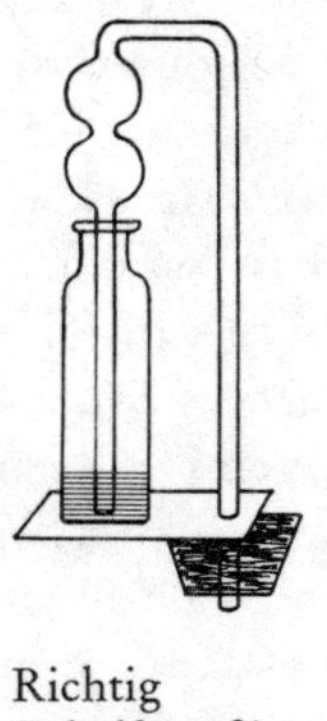

Richtig
Behelfsmäßig,
aber brauchbar

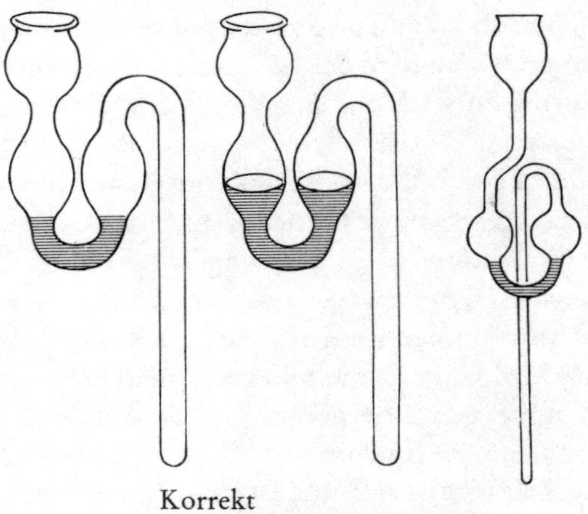

Korrekt
Neßlersche Gärröhrchen

Ist das Gerät soweit in Ordnung, kann der alles entscheidende Prozeß der Gärung beginnen. Chemisch gesehen, wird dabei der Zucker in Kohlensäure und Alkohol aufgespalten. Die Kohlensäure entweicht zum Teil durch den Gärspund. Ausgelöst wird der Vorgang durch mikroskopisch kleine Sproßpilze. Man faßt sie unter der Bezeichnung Gärhefen zusammen. Im Grunde braucht man die in der Natur ohnedies überall vorhandene Hefe bei der Apfelweinherstellung nicht noch zusätzlich einzusetzen. Apfelmost enthält genügend eigene, sogenannte wilde Hefen, die den Gärungsprozeß in Schwung bringen. Der Saft wird »spontan« mit der vorhandenen Hefeflora vergoren. Früher beschränkte sich der Einsatz von sogenannten Reinzuchthefen vor allem auf die Herstellung von Dessertweinen aus Beeren, die einen hohen Alkoholgehalt erreichen sollten.

Heute wird die Zugabe von Reinzuchthefen aber auch beim Apfelwein praktiziert. Damit läßt sich die Gärung besser steuern, der Wein wird durchgegorener. Der Zucker soll ja möglichst vollständig zerlegt werden.

Die Meinungen über einen Hefezusatz sind unter Fachleuten sehr geteilt. Es gibt ausgesprochene Gegner, die sich nur auf die vorhandenen Hefen verlassen und offenbar gut dabei fahren. Auch die Industrie setzt keine Hefen zu. Wer über eine gute Apfelqualität verfügt, kann sicher eher darauf verzichten. Aber wie bei so vielem spielt auch hier der Glaube eine Rolle.

Bekannt sind die Reinzuchthefen aus der Versuchsanstalt Geisenheim im Rheingau. Aus diesen in Flaschen abgefüllten Reinzuchthefen muß man etwa 14 Tage vor der Gärung unter Zugabe von Saft eine Hefekultur ansetzen. Das Ansetzen der richtigen Hefekultur ist ein recht komplizierter Vorgang, den man sich am besten von einem erfahrenen Kelterer erklären läßt. Etwa einen halben Tag, nachdem der Saft ins geschwefelte Faß gebracht worden ist, wird die Hefekultur entsprechend dosiert dazugegeben. Wer sich theoretisch weiter mit der Hefe beschäftigen will, sei auf das Heft des Schweizers Dr. Hans Lüthi »Gärführung und Behandlung der Obstweine im Kleinbetrieb« verwiesen, in dem die Reinhefegärung ausführlich dargestellt wird.

Der Saft kommt also in den Gärbehälter, der nur bis zu höchstens 90 Prozent gefüllt wird (Untergärung). Dann wird der Gärspund aufgesetzt. Ein ausreichender Steigraum ist unbedingt notwendig, denn die Entwicklung des Weines geht recht ungestüm vor sich. Zuvor ist dem Saft jedoch unter Umständen noch Mostmilchsäure zugegeben worden. Der Säuregehalt wird mit einem sogenannten Vinometer geprüft, dessen Funktionsweise man sich beim Kauf erklären läßt. Wurde beim Pressen Wasser dazugegeben, was in der Frankfurter Gegend nicht üblich ist, wird in der Regel eine Anreicherung mit Säure nötig. Die Dosierung ist schwierig. Lieber zuwenig als zuviel ist empfehlenswert. Am besten ist es, wenn man ganz darauf verzichten kann. Die zugegebene Säure schmeckt sehr schnell »vor« und verdirbt den runden Geschmack. Der »Abgang« des Weins in der Kehle wird etwas kratzig.

Der Most muß mindestens 50 mg schwefelige Säure enthalten, was bei einer guten Äpfelauswahl fast immer gewährleistet ist. Die Säure soll nicht nur die Entwicklung von schädlichen Mikroorganismen hemmen, sondern sie soll auch während der Gärung oxydative Vorgänge verhindern. Für den Haushalt eignen sich zur Ergänzung des Säuregehalts am besten Kaliumpyrosulfit-Tabletten. Eine 10-Gramm-Tablette entwickelt im Wein gelöst 5 Gramm schweflige Säure. Auf 100 Liter Most-Wassermischung entfällt also eine Tablette. In der Industrie werden spezielle Dosiergeräte eingesetzt. Die Mostschwefelung, die man ebenfalls möglichst unterlassen sollte, ersetzt nicht das Schwefeln der Gärbehälter. Überall, wo der Most gewässert wurde, muß außerdem ein Nährsalz zugegeben werden, damit die durch die Verdünnung an Stickstoffverbindungen verarmte Gärflüssigkeit den Hefen die notwendigen Nährstoffe bieten kann. Nach dem Weingesetz ist ein Zusatz von höchstens 40 Gramm Ammoniumsalz je Hektoliter gestattet.

Das Gären sollte in einem möglichst kühlen Raum stattfinden, am besten im Keller bei Temperaturen von höchstens 15 Grad. Zuviel Wärme beschleunigt den Gärungsprozeß übermäßig und die Gärung wird zu heftig. Der Wein kann essigstichig werden. Je tiefer der Keller, desto ruhiger liegt der Wein. Ein weiteres Übel ist das Steckenbleiben der Gärung, man spricht dann beim Wein von »Mäuseln«; er riecht nach Mäuseharn und hinterläßt in der Kehle einen kratzenden »Abgang«.

Beim Standort ist darauf zu achten, daß in der Nähe keine fremden Stoffe lagern. Wein oder Most nehmen leicht fremde Gerüche an. Keinesfalls sollten Kartoffeln im selben Raum untergebracht sein.

Der Rauscher

Nach etwa drei Tagen muß die Gärung allmählich beginnen. Am Anfang ist ein leichtes Brodeln zu vernehmen, das sich steigert. Der neue Äpfelwein »schafft«, wie die Frankfurter sagen, »macht Musik«. Die Musik sollte sich jedoch keinesfalls zu einem Crescendo steigern. Denn entgegen einer landläufigen Meinung ist eine allzu stürmische Gärung kein gutes Zeichen für einen guten Wein. Der Most darf nicht toben, sondern die »Brieh« muß blubbernd bullern. Manchmal allerdings wird es dem jungen, ungestümen Kind doch zu eng in seiner dunklen Wiege und schaumige Flüssigkeit quillt durchs Spundloch. Dann, so heißt es in derber Kellersprache, »kotzt« das Faß.

Wenn es in den Fässern richtig rauscht, so etwa nach 14 Tagen bis drei Wochen, ist es Zeit, den »Rauscher« zu probieren. Dann ist der Wein etwa halb vergoren. Manche trinken den Rauscher am

Die Saison beginnt (Aushang)

liebsten möglichst spät, wenn er gerade so am »Umkippen« ist und schon ein bißchen säuerlich schmeckt. Der Rauscher, gelb wie Stroh und undurchsichtig mit seinem recht süßen, etwas seifigen Geschmack, hat es in sich. Schon manchem, der in simpler Unkenntnis an ihn geriet, hat der Rauscher eine unvergeßliche Lektion erteilt. Denn der Rauscher ist durchaus mit Alkohol ausgestattet. So um die drei Prozent sind drin. Und das Schlimme ist, man schmeckt sie nicht, die Prozente. Wer ihn erstmals probiert, vermutet in dem harmlos daherkommenden süffigen Getränk nie und nimmer diese Wucht. Am besten schmeckt er aus der Mitte eines großen Fasses hervorgeholt. Aber viele Kelterer lassen einen Teil des Saftes in Extrabehälter fließen, Kanister oder Flaschen, allein für diese Halbgärung. Das ist bequemer, als die großen Fässer zu öffnen.

Der Ausbau

Die Hauptgärung vollzieht sich in vier bis sechs Wochen. Während dieser Zeit werden die Behälter sorgsam behütet und kontrolliert. Danach, wenn der Wein nicht mehr »arbeitet«, wie der Fachausdruck der Küfersprache lautet, kann man zum ersten Abstich schreiten. Je wärmer der Raum ist, desto früher sollte abgestochen werden. Der Wein sollte keinesfalls zu lange, etwa ein halbes Jahr, auf der Hefe liegen, auch wenn das in verschiedenen Gegenden Sitte ist. Andernfalls kann sich die Hefe zersetzen und man erhält den gefürchteten »Hefeböckser«. Ein Geschmacksfehler, der auch bei zu warmen Raumtemperaturen auftreten kann. Nicht abgestochene Weine werden zudem trüb. Eine Tatsache, die beim »Selbstkeltern« häufig zu beobachten ist.

Einen Tag vor dem Abstich überzeugt man sich mit einer sogenannten Glasprobe, ob der Wein ausreichend geschwefelt ist. Man entnimmt eine Probe und läßt sie über Nacht im Keller stehen. Die Farbe darf sich nicht verändern. Wird die Flüssigkeit schwarz oder dunkelt nach, dann sind durch die Luft Weinfarbstoffe verändert worden. In solchen Fällen muß man mit oder vor dem ersten Abstich den Jungwein nachschwefeln. In der Regel genügt es, auf 100 Liter Wein eine halbe Tablette Kaliumpyrosulfit zu geben.

Der Abstich wird dann folgendermaßen vorgenommen: Man bringt einen Schlauch vorsichtig in das Faß oder den Ballon und zieht die über dem Hefebett ruhende Flüssigkeit langsam ab. Den Trub nimmt man zur Seite, um ihn extra zu filtrieren. Den abgestochenen Wein und den filtrierten Trub legt man in ein neues, frisch eingeschwefeltes Faß, das wieder mit einem Gärspund oder mit einem Becher-Luftfilter verschlossen wird. Im neuen Behälter findet noch eine leichte Nachgärung statt. Sechs bis acht Wochen später nehmen manche noch einen zweiten Abstich vor.

Wer einen weniger blanken Apfelwein wünscht, der aber durchaus mild und spritzig sein kann, der verzichtet ganz auf den Abstich. Oft spielt auch einfach nur die Bequemlichkeit eine Rolle. Er läßt den Wein nach der Gärung bis zur Abfüllung Ende Dezember, Anfang Januar auf der Hefe liegen. Dabei muß das Gärbehältnis spundvoll gehalten, also nach der Gärung aufgefüllt werden, um die Bildung von Kahm und Schimmelpilzen zu verhindern. Bedingung für dieses Vorgehen ist allerdings ein möglichst kalter Keller.

Bleibt der Wein noch länger liegen, so setzt häufig, vor allem im Frühjahr, eine erneute Kohlensäureentwicklung ein. Das ist keine Gärung, sondern ein durch Bakterien verursachter sogenannter biologischer Säureabbau. In der Weinwirtschaft machen die Küfer davon gerne Gebrauch, um einen Wein mit hohem Säuregehalt zu verbessern. Im Apfelweinausbau ist dieser Vorgang unerwünscht. Bis zum möglichen zweiten Abstich hat sich ein einwandfrei hergestellter Fruchtwein völlig geklärt. Vorher wird wiederum eine Glasprobe zur Prüfung entnommen, um zu prüfen, ob eine abermalige Schwefelung erforderlich ist. Ein Nachschwefeln ist jedoch nur im äußersten Fall angebracht. Denn, wieviel Schwefel verträgt der Mensch? Eine Frage, die sich beim Apfelwein erübrigen sollte. (Beim Traubenwein ist sie schon eher angebracht.)

Sollte der Säuregehalt trotz aller Sorgfalt zu hoch sein und der Wein unharmonisch schmecken, kann man den Zeitpunkt des zweiten Abstichs noch etwas hinausschieben.

Jetzt endlich ist der Wein fertig. Er ist zum neuen Hellen erwachsen, der seinem Zweck zugeführt werden kann, nämlich durch durstige Kehlen zu rinnen. Er darf ruhig zügig weggetrunken werden, denn im nächsten Jahr gibt's wieder welchen. Der Helle wird im Laufe des Jahres zum sogenannten Alten, aber, so lautet eine Sachsenhäuser Binsenweisheit, der Apfelwein darf seinen Geburtstag nicht erleben.

Die Lagerung während des Jahres soll im Idealfall bei gleichmäßigen Temperaturen stattfinden. Auch im Sommer sollten 15 bis 17 Grad nicht überschritten werden. Die Lagerung in Holzfässern ist im Haushalt nicht empfehlenswert, der Wein verliert dabei an Frische. Am besten ist es, ihn sofort in Flaschen oder Ballons zu füllen und mit Korken zu verschließen. Die Flaschen liegend lagern, damit der Korken nicht austrocknet. Selbstverständlich sind die Flaschen vor der Abfüllung sorgfältig gereinigt worden.

Das Filtrieren

Noch ein Wort zum Filtrieren, das sich aber im Haushalt, außer beim Trub, meistens erübrigt. Ein normal ausgebauter Wein ist nach zwei Abstichen blank. Den Trub läßt man durch ein baumwollenes Tuch laufen, einen Sackfilter, der auch »Holländer-Filter« genannt wird. Von der Industrie wird dagegen zumeist ein »glanzhelles« Getränk verlangt, noch klarer als der Selbstgekelterte, das sich ohne Filtration jedoch nicht erreichen läßt. Die großen Betriebe verwenden dazu Anschwemm-, Masse- oder Kieselgurfilter zur Vorfiltration und einen Schichtenfilter zur Fein- oder Entkeimungsfiltration. Diese Filter werden auch als kleinere Modelle für den Hausgebrauch gebaut. Aber oft sehen die Selbstkelterer eine gewisse Trübe sogar als Qualitätsmerkmal an und verzichten auf das weitere Filtrieren.

Der Trester
oder von einem Kelterapfel bleibt nichts übrig

Während sich unten, in alten Fässern schon neues Leben regt. Unbändig. Während in feuchten Gewölben wieder blubbernd Apfelwein geboren wird, jedes Jahr im Herbst, braun als Baby, gelb in der kurzen heftigen Jugendzeit und dann das goldene Alter, wie es der Apfelweinliebhaber Hans Haibach in der Frankfurter Allgemeinen hingebungsvoll geschildert hat, während rasch die Zeit für den ersten Abstich herannaht, neigt sich oben, im milden Licht des Spätherbstes, auf Feldern und Wiesen, in Höfen und Scheunen, die Ernte- und Kelterzeit allmählich ihrem Ende zu. In Sachsenhausen greifen die Wirte zum Wasserschlauch, spritzen den Estrich sauber und kehren die übriggebliebenen, herumkullernden Äpfel zusammen. In den Ecken türmen sich die braunen Trestermatten zu unansehnlichen Bergen. Noch vor wenigen Tagen lagerte hier die bunte Pracht...! Jetzt durchzieht der morsche Geruch des Tresters die Toreinfahrten und Gassen.

Der Trester findet weitere Verwendung. Er wird abgegeben zur Wildfütterung – mit Kastanien und Eicheln etwas schmackhafter gemacht –, oder er wird den Schafen zum Fraß vorgeworfen. Aber auch die Industrie kann ihn noch gebrauchen. Sie gewinnt daraus Pektin, und damit kocht die Hausfrau dann Gelee. So ein Kelterapfel wird ratzebutz weggemacht.

Vom Prinzip zur Wissenschaft

Die zuvor beschriebene Herstellung von Apfelwein erfaßt das Prinzip. Einige Bemerkungen sollen den Gegenstand darüber hinaus noch etwas erklären. Die Apfelweinherstellung, vielleicht gerade weil sie im Prinzip so einfach aussieht, ist zweifellos eine recht komplizierte Wissenschaft, die sich meist erst durch lange Erfahrung erschließt. Wie schon gesagt, ist der Wein äußerst empfindlich gegen Krankheiten. Traubenwein erscheint dagegen fast robust.

Fehlende Sachkenntnis verdirbt den Wein im Handumdrehen mit allen wirtschaftlichen Folgen und auch Nachteilen für die Gesundheit der Trinker. Darauf weisen Schanderl/Koch in ihrem Buch ausführlich hin. Oft gewöhnen sich der Hersteller und andere Familienmitglieder oder Freunde durch tägliches Trinken an »ihr Stöffche«, ohne zu bemerken, daß der Wein nach objektiven Maßstäben beileibe nicht einwandfrei ist. Der Schweizer Gärungswissenschaftler Lüthi hat vor Jahren festgestellt, daß in seinem Heimatland 75 Prozent als verdorben zu bezeichnen gewesen wären. In Deutschland dürfte es früher ähnlich gewesen sein. Inzwischen ist aber die bäuerliche Herstellung von Obst-, insbesondere Apfelwein überall stark zurückgegangen.

Auch H. P. Müller erwähnt in seinem Ebbelwei-Bichelche Erfahrungen mit so manchem »Hausgemachten«:

Selbstgegorener

Es gibt Leute, deren Selbstgegorener ist ein Auserkorener!
Man sollte das und den mit Vorsicht genießen. Oft muß der Gast seine letzten Reserven an Selbstbeherrschung mobilisieren, um nicht beim Trinken sein grausames Erschrecken zu zeigen. Gute Erziehung und – Lügenhaftigkeit sind nötig, um dem Eigenlob des »Fabrikanten« beizupflichten. Sie wissen, mit welchen Schwierigkeiten die Fachleute kämpfen, um wieviel schwerer hat es der

Laie. ... Wenn Sie nicht einen erstklassigen Fachmann zu Hilfe haben, trinken Sie als Haustrunk lieber einen guten Frankfurter Flaschenapfelwein. Dessen gleichbleibende Qualität wird Ihr Eigenerzeugnis kaum erreichen.

Der letzten Empfehlung folgen wir nicht ganz. Wer die Mühe nicht scheut, sollte es ruhig einmal selbst probieren. Man muß ja nicht gleich mit mehreren Hektolitern beginnen, die, falls es schiefgeht, verloren sind. Ein Hundert-Liter-Kanister oder einige Ballons reichen fürs erste. Übrigens haben wir in vielen Gesprächen immer wieder erfahren, daß die meisten Hobby-Kelterer ihr Wissen voller Stolz und sehr detailliert weitergeben. Fragen kostet nichts.

Schließlich noch eine Bemerkung, um eventuellen Mißverständnissen vorzubeugen: Die Zusätze, wie Reinzuchthefen, schweflige Säure und dergleichen, wurden nicht etwa deshalb ausführlicher erwähnt, weil wir der Meinung sind, sie seien nötig. Sondern es ging um die angestrebte Vollständigkeit der Darstellung. Es kann nicht schaden, auch darüber ein bißchen Bescheid zu wissen. Der beste Schoppen entsteht aber sicherlich aus ausgesuchten Äpfeln, deren Saft sich selbst überlassen, ohne jeden Zusatz oder Eingriff in sauberen Behältern vergärt. Alles andere können nur Hilfs- oder Notmaßnahmen sein, wenn Fehler unterlaufen sind, oder die Qualität der Äpfel in einem schlechten Jahr nicht ausreicht.

Warum die Äpfel so sauer sein müssen

Apfelwein ist der Obstwein mit dem niedrigsten Alkoholgehalt. Seine Fruchtsäure besteht nahezu hundertprozentig aus Apfelsäure. Daraus ergibt sich eine besondere Gefährdung durch bakteriellen Säureabbau. Weniger Säure begünstigt jedoch das Bakterienwachstum. Daraus folgt: Wenn für die Gesundheit des Weines in erster Linie der Säuregehalt verantwortlich ist, muß auch Obst mit möglichst viel Säure eingesetzt werden, und das sind nun mal die »saure Krotze«, wie sie schon beschrieben wurden. Edlere Sorten, die früher reifen, sollten immer nur im Verschnitt gekeltert werden.

Nichts ist entscheidender für einen guten Apfelwein, als ausreichende Säure, die eine gute Gärung gewährleistet, und – ein schneller Abstich. Der Säuregehalt des Mostes soll vor Beginn der Gärung mindestens sechs Gramm pro Liter betragen. Falls diese Säure nicht erreicht wird, darf man bis zu diesem Wert gesetzlich gestattete Mostmilchsäure zusetzen. Der Säurezusatz darf nur beim Most gemacht werden. Das Ansäuern des Weines gilt als Fälschung.

Öchsle und Alkoholgehalt

A und O eines guten Rohstoffes sind, wie beim Traubenwein, die Öchsle. Sie bestimmen den Alkoholgehalt. Praktisch besagt eine Faustregel, daß der Saft mindestens 45 Grad Öchsle haben muß, was theoretisch einen Alkoholgehalt von 6,08 Prozent ergibt. Liegt das Öchslegewicht unter 40 Grad, so kann kein Apfelwein mit 5 Volumenprozent mehr entstehen. Nach dem Gesetz (juristische Basis ist das Weingesetz von 1930, siehe Anhang) liegt hier aber die Untergrenze, um einen gekelterten Most noch Apfelwein zu nennen. In solchen Fällen ist es gestattet, eine Zuckerung bis auf 55 Öchsle vorzunehmen, dann entfällt aber das Prädikat »naturrein«. Beim sogenannten Apfelwein »extra«, eine Handelsbezeichnung, muß der Wein bei einem zuckerfreien Extrakt von 22 Gramm im Liter einen Alkoholgehalt von 5,5 Prozent aufweisen.

Theoretische Alkoholausbeuten bei Apfelwein

Apfelsaft Öchsle°	Apfelwein Zucker g/l	Alkohol g/l	Vol.-%
45	102	47,98	6,08
46	104	48,93	6,19
47	106	49,88	6,32
48	108	50,83	6,43
49	110	51,78	6,56
50	112	52,73	6,67

Was zu Hause gekeltert wird, ist dem Gesetzgeber egal, die Hauptsache, es schmeckt. In Württemberg, Baden und Hohenzollern ist es zum Beispiel üblich, dem Most mehr als zehn Prozent Wasser zuzusetzen. Werden diese Produkte allerdings außerhalb der Landesgrenzen verkauft, müssen sie als Schwäbischer, Württembergischer oder Badischer Most gekennzeichnet werden. Der Wasserzusatz ist dann bis zu einem Drittel erlaubt. Da durch das Wasser einerseits die Säure gemindert wird und sich andererseits weniger Alkohol bilden kann, ist dieser Most, oder »Moscht«, wie die Württemberger sagen, schlecht haltbar und zudem, wie Schanderl/Koch bemerken, im Geschmack oft wenig ansprechend.

Wie bestimmt man die Öchsle? Man besorgt sich eine Öchslewaage und einen Meßzylinder mit 250 Kubikzentimeter Inhalt. Drogerien führen so etwas. Der Zylinder wird mit 220 Kubikzentimeter Most gefüllt. In ihm schwimmt die Öchslewaage, die bis zu einer bestimmten Marke eintaucht. An ihrem geeichten Hals liest man dann die Öchslegrade ab.

Berechnungsbeispiel:
Abgelesene Mosttemperatur .... 50° C
Abgelesenes Öchslegewicht .... 55°
Korrektur .... 5 × 0,2 = 1°
Wahres Öchslegewicht .... 55—1 = 54°
54 : 8 = rund 6,8 Vol.-%.

Das Prinzip beruht auf der Messung des spezifischen Gewichts des Mostes gegenüber dem von Wasser. Der Most mit seinen vielen Zusatzstoffen ist schwerer als Wasser. Im unteren Teil der Waage ist zudem ein Thermometer eingebaut, das die Temperatur des Mostes anzeigt. Da sich das spezifische Gewicht mit der Temperatur ändert, muß unter Umständen korrigiert werden. Die Waage ist in der Regel auf 15 oder 20 Grad geeicht. Jeder Grad Temperaturunterschied verlangt eine Korrektur um

Ab September rollen sie an. Doch die gesprenkelte Pracht ist immer nur von kurzer Dauer. Je frischer die »Äppel« in die Presse kommen, desto mehr geben sie her und desto besser wird die Qualität des Saftes. (Fotos Kleinhans/FAZ)

Nach der Pressung: Der Trester wird verfüttert oder von der Industrie zu Pektin verarbeitet.
Im Faß beginnt der Most zu »schaffen«, manchmal jedoch zu ungestüm. Austretender Schaum ist kein gutes Zeichen, der Weg wird frei für Krankheitserreger.

Unerläßlich und mit Hingabe: Die Kellerprobe (Fotos: Bucher-Guyet / Meier-Ude / Kopetzky / Kleinhans)

◄ Vorhergehende Seite. Erst waschen, dann pressen: Waschbottiche im Kleinbetrieb. (Foto Meier-Ude)

Droben im Garten: Sachsenhäuser Apfelweinwirtschaft. Neben dem Schoppenglas macht sich heute auch schon einmal die Bierflasche breit. (Foto FNP)

Drunten im Keller: Damit der Vorrat reicht, Lagertanks einer Großkelterei.

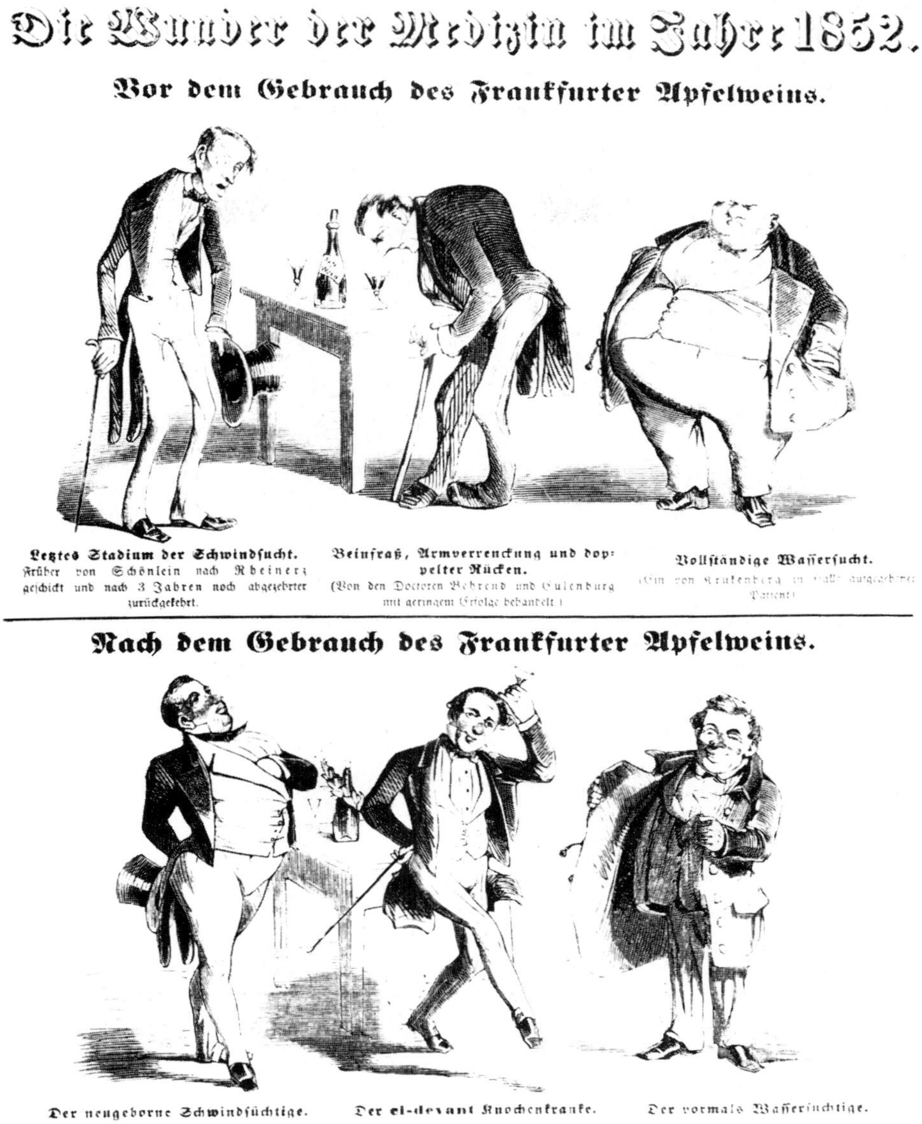

Die angebliche medizinische Wunderkraft des »Äppelwoi-Schoppens«: ein gern behandeltes Thema von Friedrich Stoltze bis zum Apfelweindoktor Petsch. (Bilderglosse aus der »Frankfurter Latern«)

Erinnerung an die Freie Reichsstadt Frankfurt und ihre »Berjergard«. (Stadtarchiv)

So geht ääns oft eniwwer

Un so kimmt es eriwwer.

Aus Adolf Stoltzes »Brickegickel«, 1926. Zeichnungen von H. W. von Ponickau.

Lino Salini zeichnete gern das »Milieu«. (Stadtarchiv)

0,2 Öchslegrade. Bei über 15 Grad werden sie hinzugezählt, anderenfalls abgezogen. Jeder Grad Öchsle des frisch gekelterten Mostes entspricht nach der Gärung ungefähr 1 Gramm Alkohol pro Liter Wein. Dividiert man die Grammzahl durch 8, ergibt sich annäherungsweise der Volumenprozentgehalt des Getränks. Beim Apfelwein schwankt er zwischen 5 bis 7 Prozent, je nachdem, wie sonnig das Jahr eben war.

Aussehen und Geschmack

Beides läßt sich von erfahrenen Apfelweinherstellern vielfältig steuern. Zum einen durch die entsprechende Auswahl und Mischung der Früchte, zum anderen durch kontrollierte Gärung und Ausbautechnik. Wie der Wein im Glase steht, wird vor allem von der Keltertechnik bestimmt. Ob reintönig, hell, blank oder eher trüb, ob mehr strohig-gelb oder mit einem Stich ins grünlich-dunkle, das kann man auch noch nach dem Pressen beeinflussen. Wie schon erwähnt, zum Beispiel durch Zusatz von Reinhefe, den gewählten Zeitpunkt des Abstichs, durch Filtration und viele andere Raffinessen.

Aber auch schon vor dem Keltern – bei der Auswahl des Obstes, lassen sich gewisse Weichen stellen. Neben Äpfeln kommen unter anderem auch andere Früchte zum Einsatz. Beliebt ist die Zugabe von Birnen und auch Quitten. Sie machen den Wein blank und klar. Allerdings sind der Zugabe bei den gewerblichen Herstellern gesetzliche Grenzen gezogen: Bis zu zehn Prozent fremde Frucht ist erlaubt. Darüber hinaus wird der »Äppelwei« für die Lebensmitteltechniker allmählich zu »Bärne-« oder auch »Quiddewei«, wie die F. A. Z. seinerzeit richtig bemerkte. Damals gab es kaum Äpfel, dafür aber eine Birnenschwemme, und die Bauern versuchten eifrig, den Keltereien unter die Äpfel möglichst auch viele Birnen zu jubeln. Im Spessart setzt man auch Schlehen zu, was aber in gewisser Weise artfremd ist. Auch die Schlehen klären den Wein.

Aussehen und Geschmack, das geht zusammen. Maßnahmen, das eine zu steuern, treffen fast immer auch das andere. Die Geschmacksvielfalt des Apfelweines ist unübersehbar, und ebenso unübersehbar sind die Möglichkeiten, auf den künftigen Geschmack Einfluß zu nehmen. Einiges wurde angedeutet. Jeder hat seine eigenen Rezepte, auf die er schwört und von denen er sich meistens um nichts auf der Welt abbringen läßt. Wesentlich mehr als das Aussehen wird der Geschmack schon von der Zusammensetzung des Keltergutes bestimmt. Die richtige Mischung ist eine Kunst für sich.

Wichtigste Voraussetzung aber ist, daß alle Äpfel möglichst gesund, frisch und reif in die Kelter gelangen. Säurereich und saftig müssen sie sein. Nur bei einwandfreiem Rohstoff läßt sich der Wein auch wirklich in der jeweils gewünschten Art ausbauen. Denn erst wer keine natürlichen Fehler ausgleichen muß, kann die ganze Palette der Einflußmöglichkeiten auch vollkommen nutzen.

Allmächtig ist aber auch der Kellermeister Gott sei Dank noch nicht. Letztlich entwickelt sich jeder Wein doch nach seinem ganz eigenen individuellen Gesetz Jahr für Jahr immer wieder anders, in unglaublicher Vielfalt. Und wer eine entsprechend sensible Zunge hat, der schmeckt das auch. Die Unterschiede sind viel geringer als beim Traubenwein, aber auch für Nicht-Fachleute durchaus wahrnehmbar. Während der Traubenwein die Zunge in regelrechte Wechselbäder stürzen kann, umspielt der Apfelwein die Geschmacksnerven nur in modesten Variationen.

Bei Noten und Prädikaten hält er sich merklich zurück. Der Apfelwein gibt sich generell eher unauffällig, trumpft nicht mit Extremen auf, bleibt aber auch nie unter seinem Wert. Er ist solide, bürgernah und demokratisch, fast ein bißchen bieder, er ist gesund und regt zum Lachen an. Ein idealer Freund fürs ganze Leben!

Die Geschmäcker ändern sich

Auch der Apfelwein unterliegt Geschmackswandlungen. Ebenso wie beim Traubenwein wäre wohl ein Apfelwein aus Goethes Zeiten für uns heute nur schwerlich genießbar. Das Obst hat sich durch Züchtung verändert, vor allem aber sind die Keltertechniken wesentlich verfeinert und durch neue Maschinen und auch Zusätze weiterentwickelt worden. Hinzu kommen besonders während der letzten Jahrzehnte wechselhafte Trends und Moden des Geschmacks, denen sich der Äpfelwein, genauso wie der Traubenwein, nicht entziehen kann, auch gar nicht will.

Äpfelwein wird schließlich nicht um seiner selbst willen gekeltert, sondern er soll den Leuten schmecken und getrunken werden. Also müssen sich die Hersteller danach richten, was die Leute trinken wollen. Eine Frage, die bisher noch nie alleingültig beantwortet werden konnte. Obwohl auch der Apfelwein schon längst zu einem Objekt der Marktforschung geworden ist. Zwar verschiebt sich der Rahmen des Geschmacks insgesamt durchaus recht einheitlich, doch die Geschmäcker bleiben verschieden. Wie verhältnismäßig kurz die Zeitspannen zwischen solchen Geschmackswellen inzwischen geworden sind, zeigt ein kurzer Blick zurück.

Zu Beginn der fünfziger Jahre notiert Hermann Schad in seinem Heftchen, daß sich »in jüngster Generation der Geschmack vom harten, stark säurehaltigen Apfelwein mehr auf einen milderen, aromatischen, spritzigen und zarten Äpfelwein« geändert hat. Und er bemerkt dazu erklärend: »Die Herstellung eines solchen ist erst möglich geworden durch die Verwendung moderner Packpressen, aber auch zwangsläufig bedingt durch den Ausfall der alten Apfelsorten, die fast immer einen stark säurehaltigen Saft lieferten.« Heute, rund zwanzig Jahre später, ist der Zug gerade wieder umgekehrt zu beobachten, zu den herben, mehr trockenen, sauren und würzigen Arten. Eine ähnliche Entwicklung gilt auch für den Traubenwein. Dabei mag ein bißchen Nostalgie eine Rolle spielen.

Die Bezeichnungen der Fachleute für die einzelnen Geschmacksrichtungen sind mannigfaltig und nicht einheitlich geregelt. In Hessen läßt sich grob unterscheiden zwischen dem »Frankfurter Apfelwein«, der eher mild, süffig und spritzig sein soll, mit Harmonie und nicht zu herb, sowie dem Bauernapfelwein, dem die Eigenschaften kräftig, kernig und säurereich zugeschrieben werden. Daneben gibt es andere Kategorien, wie zum Beispiel den »einfachen, leichten Landapfelwein«. Doch die Bezeichnungen wechseln wie die Geschmäcker.

Im übrigen wird auch beim Apfelwein gelegentlich regelrechtes Probetrinken veranstaltet. Abgesehen vom Keltermeister, der ohnedies dauernd prüft und probt, werden solche »Weinproben« zu bestimmten Anlässen auch unter Einbeziehung der mehr oder weniger allgemeinen Kundschaft abgehalten. Einen kurzen Erfahrungsbericht über eine solche »Weinprobe« hat der Autor im Folgenden notiert. Dabei ging es um die Auswahl jenes Apfelweines, der zur Fastnacht auf den Prunksitzungen des Karnevalvereins »CC Laternche« zum Ausschank kommen sollte.

Der Fastnachtsschoppe

Allmählich wird es ernst. In gut sechs Wochen ist Fastnacht, und die Narren werfen bereits lange Schatten. Der mehr oder weniger organisierte Trubel während der tollen Tage bedarf, man weiß es, intensiver Vorbereitungen. Allenthalben wird fieberhaft geprobt, geübt, dekoriert, organisiert, delegiert, verhandelt, gedichtet und gedacht und was sonst noch so anfällt. In »de Bütt« redet mancher schon jetzt mit etwas belegter Stimme, die Bobbcher haben ihren ersten Muskelkater längst hinter sich, von den heiseren Kehlen der Sänger gar nicht zu reden.

Aber was ergäbe all die Mühe ohne die Unterstützung des Humors durch das entsprechende Getränk. Auch Narren brauchen Wein zum Fröhlichsein, und das heißt in Frankfurt natürlich: Äpfelwein. Zur Auswahl des diesjährigen Fastnachtsschoppen sind im Kellergewölbe des Keltereibetriebes rund ein Dutzend Frankfurter Äpfelweinprominenz versammelt, um den rechten Schoppen auszusuchen. Alle sind sie Apfelweinwirte und Mitglied des Elferrats vom Karnevalverein »CC Laternche«. Die Elferliste reicht vom Wirt der Eulenburg in Bornheim bis zum Wirt des Sachsenhäuser Fäßchens am Schweizer Platz, und natürlich ist auch der Ministerpräsident vom Laternche, Hans Weidenfeld, mit von der Partie.

Nun ist aber so eine Apfelweinprobe gar keine leichte Sache. Zur Wahl hätten über 50 verschiedene Geschmacksrichtungen gestanden, die im Keller lagern. Um die Prüfer zu schonen, war schon eine gewisse Vorauswahl getroffen worden. Die Entscheidung fällt nur noch zwischen rund einem Dutzend und schließlich nur noch zwischen sechs Geschmacksnuancen. Während es früher oft noch bei den beiden letzten Sorten heiße Köpfe unter den Prüfern gegeben hat, wird die Wahl in diesem Jahr leicht und einstimmig getroffen. Das hat es in der über zehnjährigen Geschichte dieses Probetrinkens noch nie gegeben.

Ob allerdings die Besucher der fünf Apfelweinsitzungen des »CC Laternche« derselben Meinung sein werden, steht noch dahin. Der Fall, daß die Jury vollkommen am Allgemeingeschmack vorbei entschied, ist auch schon vorgekommen. Der Äpfelwein wurde dann zurückgebracht und umgetauscht. »Was sollte mer mache?«, meint dazu einer der Wirte treuherzig, »awwer diesmal isser gut.«

Im übrigen steht und fällt der Erfolg der fünf Laternche-Prunksitzungen auch mit den Veranstaltern selbst. Die ersten beiden Sitzungen werden im Elferrat von den Apfelweinwirten bestritten, eine von den Frankfurter Metzgern, eine neuerdings von den Apfelweinwirtinnen und schließlich ist die letzte Sitzung den Freunden des Frankfurter Apfelweins gewidmet. Man sieht, das »Babbelwasser« gehört zur Fastnacht – jedenfalls in Frankfurt – wie der Salzhering zum Aschermittwoch.

Wenn ihn die Industrie herstellt

Ehe wir nun das Kapitel der Herstellung mit einem aufatmenden Seufzer abschließen, gebietet es die Vollständigkeit, auch noch auf die industrielle Produktion kurz einzugehen. Im Ablauf der Prozesse unterscheidet sie sich nicht grundlegend von der beschriebenen Kleinherstellung. Viele Apfelweinliebhaber zeichnet allerdings zur Großproduktion ein recht zwiespältiges Verhältnis aus. Sie qualifizieren den industriell gekelterten Apfelwein im Glas als »Industrieschoppen« ab und meinen, nur der »Hausgemachte« gilt.

Wir sind der Ansicht, ohne jemandem in seinen Geschmack hineinreden zu wollen, dies ist ein Vorurteil. Ein anständig hergestellter Schoppen aus der Flasche einer Großkelterei kann es mit den meisten selbstgekelterten Weinen aufnehmen, vor allem, was die Gesundheit des Weins betrifft. Denn sicher ist, ein guter Industriebetrieb arbeitet sauberer und hygienischer, als es die meisten Kleinbetriebe oder Haushalte selbst bei größter Sorgfalt fertigbringen. Und Reinlichkeit ist bei der Apfelweinherstellung, wie schon zuvor betont, das oberste Gebot.

Die großen Keltereien haben in ihrer Arbeitsweise viel aus der Molkereitechnik übernommen, und in Molkereien geht es ja im Hinblick auf Sterilität sehr pingelig zu. Außerdem kann die Industrie ideale Umweltbedingungen schaffen, wie zum Beispiel durch kontrollierte Kühlung.

Hier einige Bemerkungen zur industriellen Arbeitsweise: Die Vorklärung des Saftes entfällt zumeist. Die modernen Packpressen ergeben wenig Trub. Der Saft läuft aus den Pressen durch Siebe direkt in die Gärtanks. Die Tanks werden einer kontrollierten Kühlung von 10 bis 15 Grad Celsius ausgesetzt. Reinzuchthefen werden in der Industrie normalerweise nicht zugegeben. Man verläßt sich auf die vorhandenen natürlichen Hefen. Nach der Gärung wird der Wein sofort abgestochen, und zwar nur einmal. Durch die saubere Verarbeitung ist die Reintönigkeit weitgehend gewährleistet. In den wohltemperierten Lagertanks wartet der Apfelwein dann auf die Flaschenabfüllung. Je nachdem, ob es früh- oder spätreifende Weine sind, werden sie zur entsprechenden Zeit kurz vor ihrem Höhepunkt filtriert und in die Flaschen gefüllt. Dann kommt der Wein zur Auslieferung. Eine Apfelweinflasche hat übrigens nur ein verhältnismäßig kurzes Leben. Fünf- bis sechsmal wandert sie durch die Füllanlage, dann ist sie meistens kaputt.

Den Verruf, in den der industrielle Apfelwein bei einigen Geschworenen geraten ist, verdankt er zum großen Teil einem einzigen Wort: Konzentrat. In weiten Apfelweinkreisen herrschen jedoch ziemlich unklare Vorstellungen, was es damit genau auf sich hat. Manche meinen, das Konzentrat sei ein Pülverchen, über das man Wasser gießt, und schwupp – der Apfelwein ist fertig. So weit ist die Chemie bei weitem noch nicht. Zunächst muß das Konzentrat, oder besser der Dicksaft, aus dem Saft frischer Äpfel gewonnen werden. Dem Saft wird erst das Aroma entzogen, dann wird er konzentriert, wobei er sein Wasser abgibt. Der so entstehende sirupähnliche Extrakt läßt sich lagern. Das Geschäft der Konzentration besorgen die Großbetriebe selbst, es gibt dafür aber auch Spezialbetriebe. Ganz überwiegend wird der Dicksaft bei der Apfelsaftproduktion eingesetzt. Damit läßt sich eine einheitlichere Geschmacksrichtung durchhalten. Zur Wiederaufbereitung wird dem Dicksaft dann entmineralisiertes Wasser und das Aroma zugegeben.

Nicht nur beim Saft, auch bei der Apfelweinproduktion läßt sich Konzentrat einsetzen. Der aufbereitete Saft wird genauso wie frischer Most vergoren. So kann man die Gärzeit über das ganze Jahr verteilen, was die Großherstellung naturgemäß erheblich erleichtert. Im Prinzip ist gegen diese Arbeitsweise unseres Erachtens nach nichts einzuwenden. Auch juristisch scheint die Sache in Ordnung zu sein. Im Gesetz heißt es, der Wein muß aus frischen Früchten hergestellt werden. Na ja – nun wird halt erst der zwischenproduzierte Dicksaft aus frischen Früchten hergestellt. Auch Frische ist offenbar relativ.

Wirtschaftlich betrachtet, ist die Produktion unter teilweiser Zuhilfenahme von Dicksaft auf jeden Fall günstig. Denn zu einem der größten Kostenfaktoren der Industrie zählt die Unterhaltung der riesigen Lagerkapazitäten. Eine Jahresproduktion von 20 Millionen Liter und mehr in Tanks zu lagern – das läuft ins Geld. Die Kosten für das durchaus nicht billige Konzentrat sind dagegen vergleichsweise wesentlich geringer. Trotzdem versuchen die Frankfurter Keltereien soweit wie möglich ohne Konzentrat auszukommen. Außerhalb der Stadtgrenzen bedient man sich des Dicksaftes sehr viel ungenierter.

Im übrigen ist der Einsatz von Konzentrat keineswegs auf Großbetriebe beschränkt. Auch selbstkelternde Wirte greifen in schlechten Apfeljahren gelegentlich darauf zurück, um ihren Wein zu verbessern. Aber man frage nicht danach, es gibt bestimmt keiner zu.

Ahnentafel

Exkurs: Der Speierling

Eine geheimnisvolle Legende

Wer sich beim Apfelwein ein bißchen auskennt, muß sich wundern. Noch kein Wort ist bisher über den »Speierling« gefallen, ein Zauberwort beim Apfelwein. Da wir wissen, wie wichtig der Speierling von vielen genommen wird, ist ihm ganz allein dieses Kapitelchen gewidmet. Auf Vollständigkeit kann dabei selbstverständlich kein Anspruch erhoben werden.

Immer wieder werden an den Wirtshaustischen Theorien und Mutmaßungen geäußert, die mal richtiger sind, mal weniger zutreffen, mit denen sich die Diskussion ums Stöffche aber trefflich in Schwung halten läßt. Denn: »Was wär' ich ohne mei Gebabbel.« Um den Speierling haben sich geradezu geheimnisvolle Legenden gebildet – wahrscheinlich deshalb, weil es ihn praktisch nicht mehr gibt.

Manche behaupten, der Speierling, und nur er allein, sei überhaupt der einzig wahre Stoff. Über diesen Glauben, um etwas anderes handelt es sich nämlich nicht, zu rechten, ist hier nicht der passende Ort; soll halt jeder trinken, was ihm schmeckt. Doch zur Sache: Der Speierling ist beim Apfelwein immer nur ein Zusatz gewesen, in alten Zeiten von drei bis maximal zehn Prozent, heute noch von etwa 1 Prozent. Einen reinen Speierling-Apfelwein hat es höchstens vor Hunderten von Jahren einmal gegeben, als die edleren Apfel- und Birnensorten noch nicht so entwickelt waren. Später wurde immer nur der Versatz Speierling genannt. Die Speierlings-Frucht (sorbus domestica) ist keine Apfelart, sondern, botanisch betrachtet, eine Verwandte der Ebereschen (sorbus aucupûria).

Die Früchte des Speierlingbaumes sind klein und gerbstoffreich, ähneln in ihrer winzigen Form, Länge etwa drei Zentimeter, den Äpfeln oder Birnen. Sie sehen gelblich oder rötlich bis braun aus. Die Blüten sind weiß bis lachsrosa. Frisch genossen, schmecken sie so herb, daß es einem das Wasser im Munde zusammenzieht. Sie bekommen – ähnlich wie die Mispeln – erst durch längere Lagerung, oder wenn sie einen Frost mitgemacht haben, einen gewissen Geschmack. Das dauerhafte Holz läßt sich gut für Drechsler- und Tischlerarbeiten oder für Schnitzereien verwenden. Die Bäume sind heute hierzulande fast ausgestorben. In Hessen, so wird geschätzt, stehen vielleicht noch 250 Exemplare. Allein in Kronberg gibt es noch rund 70 Bäume. Schon weil die Früchte fehlen, kann man kaum noch echten Speierling herstellen. In den verschwindend geringen Mengen, wie die Früchte heute zugegeben werden, läßt sich der Speierling lebensmittelchemisch im Endprodukt gar nicht mehr nachweisen. Die Früchte müssen unreif gepflückt werden, nicht erst wenn man sie vom Baum schütteln kann. Das Pflücken ist mühsam und nicht ungefährlich, das spröde Holz bricht leicht. Sie werden dann der Maische oder schon als Saft zugegeben.

Stärker verbreitet ist der Baum offenbar noch in der Tschechoslowakei, wo die Früchte landläufig auch Wasserrutschken genannt werden. Darüber gibt der »Leitmeritzer Heimatbote« Auskunft, der aber gleichzeitig feststellt, daß der Baum immer seltener geworden ist: »Ein Baum stand in Leitmeritz an der Kamaiker Straße, ein anderer stand am Lehmhübel oberhalb Pokratitz, einer am Wege von

Tschalositz zum Radobil. Auch bei Dubkowitz und Kletschen, auf der Kubatschka, am Lobosch, im Wopparner Tal, bei Techobusitz standen einige Bäume. Zwei Bäume befanden sich in der Nähe von Lichtowitz, an einem Waldrand, nicht weit vom Klampenberg...«, und so fort. Die liebevolle Aufzählung zeigt, welche botanische Seltenheit der Speierling selbst in diesen Gegenden inzwischen geworden ist. Auch hier findet sich der Hinweis, daß er als Zusatz verkeltert wurde.

In Rußland sind um die Jahrhundertwende von dem Pflanzenzüchter Iwan Mitschurin (1855–1935) durch Artkreuzungen frostresistente Obstsorten gezüchtet worden, die sich vor allem zum Anbau in den rauhen, unwirtlichen Gegenden Sibiriens eignen. Darunter süßere, eßbare Sorten des Sorbus domestica.

Versuche zeigen, daß sich heute aus den Speierlingfrüchten – wenn es sie ausreichend gäbe – durchaus ein trinkbarer Wein herstellen ließe. Denn der Gerbstoff- und Gesamtsäuregehalt geht bei der Nachreife sehr stark zurück. Solche überreifen Früchte können offenbar zufriedenstellend verarbeitet werden. Als Zusatz zum Apfelwein sind sie untauglich, dazu braucht man, wie gesagt, die noch nicht ausgereiften Früchte, weil man auf den Gerbstoff und die Säure ja gerade Wert legt. Schanderl/Koch berichten, daß 1945 am Botanischen Institut in Geisenheim ohne Zusatz von Wasser, Zucker oder anderer Früchte ein normaler, ansprechender Wein hergestellt wurde. Der »reine« Speierling zeigte 57 Gramm Alkohol je Liter, rund sieben Volumenprozent, also mehr als normaler Apfelwein, bei 8,3 Promille Säure und verströmte ein reines, obstiges, an Birnenwein erinnerndes Bukett.

Mit einer Renaissance des »echten« Speierling ist nicht zu rechnen. Die erwünschte Säure erhält man auch durch entsprechende Auswahl der Äpfel. Was bleiben wird, ist der Name. Ob zu Recht oder Unrecht, darüber kann man streiten. Soweit sich überhaupt Speierling unter den gekelterten Früchten befand, auch wenn es hinterher nicht mehr nachweisbar ist, scheint es jedenfalls erlaubt. In den Richtlinien für die Herstellung, Kennzeichnung und Beurteilung von Obst- und Fruchtweinen und weiterverarbeiteten Erzeugnissen steht unter III–Kennzeichnung–Ziffer 4 unter anderem zu lesen: »Kernobstweine werden nicht mit Phantasienamen belegt. Bisher alteingebürgerte Bezeichnungen für nach Landesbrauch hergestellte Getränke sind für diese nicht als Phantasienamen anzusehen (zum Beispiel Speierling).« Daß der Speierling eine alteingebürgerte Bezeichnung ist, daran besteht in Hessen kein Zweifel.

Dichtung und Wahrheit. Die Geschichte

Von Herodot bis Columella

Jedes Ding hat seine Geschichte. Die Geschichte des Apfelweines beginnt mit einem Kalauer: »Vadder«, soll der Bub angesichts einer Statue von Karl dem Großen gefragt haben, »Vadder, warum hat denn der steinerne Kaiser so en grausame Appel in de Poote?« Und der Vadder antwortet: »Duh die Kapp ab vor dere Statu so oft de vorbei kimmst, Bub! Des is der große Mann, der den Äppelwei erfunne hat, un darum hat em der schaffende Kinstler den Appel in die Hand gegewwe!« Wie die »Erfindung« vor sich ging, ist ebenfalls nachzulesen. Adolf Stoltze, Sohn von Friedrich Stoltze, hat darüber ein Gedicht angefertigt:

Kaiser Karl erfindt den Äppelwei

Den Reichesappel in der Hand,
floh Kaiser Karl zum Mainesstrand.

Un hat, da er sehr abgehetzt,
sich uff den Appel da gesetzt.

Nadierlich aanzig aus Verseh,
denn so e Sitz is grad net schee.

Uff aamal odder spiert err was
un greift danach un is ganz naß

un lutscht dann draa: Uij! Schmeckt des fei
un kreischt dann: »Des is Äppelwei!

Gottlob, jetzt hat der Dorscht e End,
gleich morje nemm ich e Padent!«

So die Dichtung. Sie ist von der Wahrheit keineswegs so weit entfernt, wie man glauben könnte. Denn in der Tat hat sich – warum auch nicht? – sogar Karl der Große sowohl um die Äpfel als auch um den Apfelwein gekümmert und zweifellos verdient gemacht; wie noch geschildert wird. Das besagte Denkmal des großen Frankenkönigs und Römischen Kaisers (742–814) stand von 1845 bis 1914 auf der alten Brücke zu Frankfurt, wanderte anschließend ins Historische Museum und wurde dort während des Zweiten Weltkrieges fast vollständig zerstört.

Die wirkliche Geschichte des Apfelweins reicht weit vor die Zeit des Frankenkönigs zurück. Das kann auch nicht verwundern. Denn wenn die Menschheit schon vor Jahrtausenden auf die Idee gekommen war, Trauben auszupressen, um sich den ersehnten Rauschgenuß zu verschaffen, warum sollte sie dasselbe nicht auch mit anderen Früchten versucht haben, darunter Äpfeln? Wahrscheinlich ist, daß die Griechen schon vor bald 3000 Jahren darüber Bescheid gewußt haben.

Eine der ältesten belegbaren Spuren der Fruchtweinherstellung stammt von dem »Vater der Geschichtsschreibung«, dem Griechen Herodot. Er erwähnt Mitte des fünften Jahrhunderts v. Chr., daß ein im Altaigebirge lebender türkischer Volksstamm, die Aggripäer, Früchte der Bäume auspreßten, um daraus berauschende Getränke herzustellen. Um welches Obst es sich dabei handelte, wird nicht gesagt, vielleicht waren auch Apfelsorten darunter. Ebenfalls aus griechischer Quelle, von dem Schriftsteller Strabon, der zur Zeit um Christi Geburt die Erde bereiste, stammt ein Bericht über den kriegerischen Stamm der Massageten am Kaspischen Meer, die ebenfalls aus Obst Wein bereiten konnten.

Aus der Zeit der Römer häufen sich die Hinweise auf die Obstweinzubereitung. Auf Abbildungen aus der während des Vesuvausbruchs 79 n. Chr. untergegangenen Stadt Herculaneum werden Saftpressen gezeigt, dekorativ umgeben von kleinen Satyren. Die Römer haben, das ist bekannt, von den Griechen die Obstkultur übernommen und wohl auch zum Teil die Herstellungstechnik von Obstweinen. Viel zu lernen brauchten sie dabei wohl kaum, denn der Traubenwein war ihnen, wie wir aus einschlägigen Quellen wissen, schon lange zuvor vertraut. Gott Bacchus legt Zeugnis dafür ab, wie bacchantisch es zeitweise im alten Rom zuging. Wenn auch die Griechen mit ihrem Gott Dionysos eine noch ältere Tradition vorweisen können. Doch zurück zur Sache, zurück zum Apfelwein.

Er selbst, in seiner Eigenschaft als potentielles Rauschmittel, findet wahrscheinlich erstmals bei dem römischen Schriftsteller Plinius (23–79 v. Chr.) Erwähnung: »Man macht Wein aus Birnen und allen Sorten von Äpfeln.« Plinius stützt sich in seinen Werken vielfach auf den gelehrten Schriftsteller Varro, der einige Jahrzehnte vorher ausführliche Bücher über den Landbau verfaßt hatte. Schon dort finden sich Hinweise auf Mostäpfel.

Nicht zuletzt verdient noch Columella, ein Zeitgenosse des Plinius, Erwähnung. Auch bei ihm, dem Klassiker des lateinischen Schrifttums über die Landwirtschaft, stößt man auf Berichte über die Obstweinzubereitung, speziell aus Äpfeln. Im 4. Jahrhundert nach Christus beschreibt Palladius das Keltern von Birnen, indem man sie zerkleinerte und in einem engmaschigen Sack auspreßte. Bei Griechen wie auch bei Römern dürfte die Obstweinbereitung nur eine geringe Rolle gespielt haben. Die übermächtige Traube beherrschte die Weinwirtschaft.

Auch die Germanen wußten schon Bescheid

Wer nun glaubt, die Germanen hätten nur Met getrunken und erst von den Römern, die ihnen ja den Apfel brachten, auch das Keltern übernommen, befindet sich auf dem berüchtigten Holzweg. Hermann Schad jedenfalls weist diese Annahme in seinem Heftchen als schlichten Irrtum zurück. Und auch andere Historiker sind der Meinung, daß die Germanen von selbst der Sache auf die Spur gekommen sind. Zwar weist auch Schad darauf hin, daß viele die Kelterei betreffende Bezeichnungen und Ausdrücke dem Lateinischen entnommen sind, wie zum Beispiel cella, der Keller, oder vas, das

Faß. Doch ist sich die Wissenschaft heute einig, daß diese Fremdwörter aus dem Weinbau stammen, deren Kultur unsere Vorfahren von den Römern übernahmen.

Zweifellos hat der germanische Obstbau durch Berührung mit den Römern einen Aufschwung genommen. Und auch die Obstweine dürften dadurch besser geworden sein. Gleichwohl war der Obstwein hier schon heimisch, bevor römische Sitten und Gebräuche in Germanien Eingang fanden. Die in den germanischen Sprachen bekannte Bezeichnung »lid« bedeutet Obstwein.

Wichtigstes Ausgangsprodukt des wohl neben Met und Bier schon recht beliebten Getränks war der Apfel, germanisch aphul, oeppel, epli genannt. Neben dem Apfel zählten vor allem die Schlehe sowie die Kornelkirsche und die Hasel zu den ältesten, wildwachsenden »Hausfrüchten« der Germanen. Roh dürften sie jedoch kaum gegessen worden sein, sondern ihr Saft wurde zu einem Trank verarbeitet, wie er als »ephiltranc« oder »slehentranc« erwähnt wird. Besonders der Apfeltrank stand dabei im Vordergrund.

Allerdings rangierte er erst weit abgeschlagen nach dem Met, über den Heyne schreibt: »Unter den geistigen Getränken, denen unsere alkoholfrohen Vorfahren nicht ständig, aber bei Gelegenheit recht ausgiebig zusprachen, ohne an Leib und Seele Schaden zu nehmen, steht, was Alter und Verbreitung betrifft, der Met an erster Stelle.« Met, aus vergorenem Honig gewonnener Wein, war bereits in vorgeschichtlichen Zeiten in weiten Teilen Europas bekannt. Er war in Deutschland bis zur Zeit der Karolinger das übliche Getränk. Heute trifft man ihn gelegentlich noch in den ländlichen Gebieten Nord- und Osteuropas.

Ein überaus wichtiges Dokument

In die Regierungszeit des ersten Karolingers, Karls des Großen, fällt nun eines der wichtigsten schriftlichen Dokumente über die Geschichte des Apfelweins. In jenen, schon eingangs erwähnten Capitulare de villis hat Karl in der Anweisung zur Bewirtschaftung seiner Landgüter (Kapitel 45) nämlich auch niedergelegt: »Wir ordnen an, daß jeder Richter unter seinem diensttuenden Personal tüchtige Meister habe, als da sind Eisenschmiede, Silber- und Goldschmiede und solche Leute, die berauschende Getränke, sei es Bier, Birnenwein, Apfelwein und sonst eine zum Trinken geeignete Flüssigkeit, bereiten können.« An dieser Stelle kann kein Apfelweinhistoriker vorbeigehen. Sie wird immer und immer wieder zitiert. Es ging also um das Jahr 800, wie Schad zutreffend bemerkt, keineswegs um die »Erfindung« des Apfelweins, sondern schon längst allein um die fachmännische Zubereitung.

Im weiteren Verlauf des Mittelalters bleibt es in unseren Breiten weitgehend dunkel um den Apfelwein. Erst zu Beginn der Neuzeit, im 16. Jahrhundert, häufen sich wieder die Hinweise und Beschreibungen. Wir beschränken uns im Folgenden darauf, vor allem die Entwicklung in Hessen, besonders im Frankfurter Raum, zu schildern. Apfelwein ist zwar in fast allen deutschen Gegenden bekannt und zählt auch häufig zu den gängigen Hausgetränken, wie vor allem im Saargebiet, der Pfalz und Süddeutschland. Doch meistens heißt er dort anders und wird auch unterschiedlich hergestellt. Nur in Frankfurt und Umgebung hat er es zu soviel Ruf und Ansehen gebracht. Hier ist das »Reweblut vom

Karl der Große, nach der Sage der Stadtgründer von Frankfurt am Main, erhielt 1843 auf der Alten Brücke ein Standbild in rotem Sandstein, das bis 1914 dort zu sehen war (jetzt im Historischen Museum). Kaiser Karl spielte aber auch in der Geschichte des Apfelweins eine historische Rolle. Er regelte dessen fachgerechte Herstellung.

Äpfelbaum« (Friedrich Stoltze) zum unbestrittenen Nationalgetränk geworden, über das sich die heimischen Dichter ebenso ausgelassen haben wie das »gemeine« Volk mit seinen herzhaften, oft derben Versen und Witzen. Heute werden in Hessen etwa 70 Prozent der gesamten deutschen Apfelweinproduktion getrunken.

Als die Trauben nicht mehr »zeitig« wurden

Die Geschichte des Frankfurter Apfelweins läßt sich etwa seit dem 18. Jahrhundert zunehmend belegen. Zuvor dominierte klar der Rebenweinbau. Im 15. Jahrhundert wurde der ganze Sachsenhäuser Berg, der noch 1389 bewaldet war, mit Reben bepflanzt. Auch in der Umgebung von Bornheim dominierten Rebenpflanzungen. In einer Ratsverordnung von 1501 wird die Anlage neuer Weinberge schließlich verboten. Aufgrund klimatischer Veränderungen wurden die Ernten immer schlechter. In den Ernteberichten häufen sich die Klagen, daß die Trauben nicht mehr richtig »zeitig« werden.

Würdigen Ersatz für den Traubenwein brachte, vor allem seit 1700, zunehmend der Apfelwein und ebenfalls das Bier. Auch die Bevölkerung wuchs an und die Weinberge mußten der Bebauung weichen oder wurden in Gärten umgewandelt, die mit ihrem Obst und Gemüse für die Ernährung wichtiger waren. Der Wein wurde mehr und mehr eingeführt. Um 1850 waren in der engeren Stadtregion praktisch keine Reben mehr zu finden, außer in Seckbach, am Hang des Lohrbergs, wo um 1900 noch Rebensaft gekeltert wurde. Heute betreibt die Stadtgärtnerei dort noch eine winzige Rebenkultur.

Aber noch im 16. und 17. Jahrhundert wird der Apfelwein zum Beispiel in Gemeinderechnungen nicht erwähnt. Seine Rolle in dieser Zeit ist geradezu etwas dubios. Erließ doch 1560 und 1683 der Rat der Stadt auf Vorstellung des Arztkollegiums Verordnungen, in denen bei Strafe vor Fälschungen des Traubenmostes mit Apfelwein gewarnt wird. In guten Obstjahren sei beobachtet worden, heißt es in den Akten, daß »der gerechte Wein damit vermischt und verfälscht wurde«. Was, fragen heute die Apfelwein-Fans, heißt denn hier »gerechter Wein«, man kann das ja auch umgekehrt sehen.

Konzessionen und Steuern, der Apfelwein macht Wirtshaus-Karriere

Die hohe Blüte des Apfelweins beginnt mit dem öffentlichen Ausschank, den sich besonders die Sachsenhäuser und Bornheimer Gärtner als neue Einnahmequelle erschlossen. Damit steigt der Apfelwein vom Hausgetränk der Gärtner, Fischer und Küfer zum behördlich konzessionierten und besteuerten Wirtshausgetränk auf. Und es beginnt für den Apfelwein eine gar nicht so leichte Zeit, in der mancher Kampf bestanden werden mußte. Die Frankfurter Ratsakten geben Auskunft darüber. Aus diesen Dokumenten ergibt sich auch die große Rolle, die der Apfelwein im bürgerlichen und wirtschaftlichen Leben der Freien Reichsstadt – die sie bis 1866 war, dann kamen die Preußen – gespielt hat. Die meisten Kenntnisse darüber verdanken wir Ernst Weil, der 1928 sogar über den Apfelwein promoviert hat: »Der Äpfelwein, sein Werden und seine Geschichte unter besonderer Berücksichtigung des Frankfurter Apfelweins.«

EIn Wohl-Edler und Hochweiser Rath allhier lässet hiemit allen Weinschencken/ Bierbrauern/ Aepffel-Wein- und Bierzapffern/ wie ingleichen denen Caffé-Wirthen/ die wenige Zeit das ihnen noch ihre profession zu treiben vergönnet ist/ alles Ernstes anbefehlen/ daß sie bey jetztmaligen betrübt- und gefährlichen Kriegs-Zeiten Erstlich keinen Musicanten oder Spiel-Leuten denen Gästen auffzuspielen/ noch auch diesen Zweytens einiges Würffel-Brett- oder Kartenspiel gestatten/ sodann Drittens an denen Sonn- hohen- Fest- und gewöhnlichen Bet-Tagen vor geendigter Vor- und resp. Nachmittags-Predigt ihre Häuser nicht öffnen/ noch einige Gäste einlassen/ und denselben etwas zu trincken reichen; und endlichen Vierdtens an selbigen sowohl als allen andern Tagen der Wochen über die gewöhnliche Nacht-Glocke und nach dem Außleuthen/ keine Gäste mehr setzen/ halten noch dulden sollen; Alles und jedes bey Verlust deß Weinschancks/ Brau-Gerechtigkeit/ Aepffelweins- und Bierzapffens/ auch nach Befinden fernerer animadversion und Straffe sowol gegen die Weinschencken/ Bierbrauer/ Aepffelwein-Bierzäpffere und Caffé-Wirth/ als auch die jenige/ so sich solcher Orthen diesem Unserm Verbott in ein- oder anderm zuwider zu leben werden betretten lassen: Wornach sich männiglich zu richten/ und vor Straffe zu hüten wissen wird.

Conclusum in Senatu,
Dienstags den 4. Sept. 1703.

Frankfurter Ratsdekret von 1703

Weil war übrigens kein Frankfurter, sondern stammte aus Pirmasens.

Etwa Mitte des 17. Jahrhunderts tauchte eine Steuer für gekelterten Wein auf, die bei der Einfuhr in die Stadt erhoben wurde. 1654 wird der Verzapf zur Steuer herangezogen. Im Jahre 1713 beschwerten sich die Bierbrauer über den stark zunehmenden Ausschank der sogenannten Bauernwirte. 1733 war es dann soweit. Auf erneute Beschwerde hin griff der Rat der Stadt schärfer zu. Er erließ einen Senatsbeschluß, wonach nicht mehr Apfelwein verzapft werden dürfe, als »abgelöst und angezeigt« ist. Es blieb bei der erhobenen Zapfgebühr von einem Gulden für das Ohm, der eigene Tropfen zum Hausgebrauch blieb steuerfrei. Die Bezeichnung Ohm ist ein altes Flüssigkeitsmaß des Weinbaus, griechisch-lateinischen Ursprungs, hama, und bedeutet Feuereimer. In Frankfurt maß ein Ohm 143,422 Liter. 60 Ohm = 1 Fuder; 1 Ohm = 20 Viertel; 1 Viertel = 4 Maß; 1 Maß = 4 Schoppen; Umgerechnet ergibt also 1 Maß = 1,79 Liter und 1 Schoppen = knapp 0,45 Liter.

Wurde jemand bei der Steuerhinterziehung erwischt, bekam er die dreifache Steuer als Geldstrafe aufgebrummt. Indem der Apfelwein auch in die Klauen des Fiskus geriet, war es mit der Gemütlichkeit wie gesagt vorbei. Bevor wir jedoch die Schilderung der Ereignisse in der Stadt Frankfurt fortsetzen, lohnt es sich, einen Sprung ins »lustige Dorf«, nach Bornheim, zu machen. In Bornheim und auch in den anderen Ortschaften, die damals noch selbständig waren, spielte der Apfelwein mindestens eine ebenso große Rolle im Leben der Bürger wie in Sachsenhausen. Zeitweise, um die Jahrhundertwende, hatten die Bornheimer, was die Zahl der Apfelweinwirtschaften anbetrifft, die Sachsenhäuser sogar klar überflügelt.

Der Zank um die Bornheimer Apfelweinakzise

Einige Einblicke in die wilden Jahre des 18. und 19. Jahrhunderts, als es häufig Zank und Streit über Abgaben und Gebühren gab, Streit mit der Obrigkeit, aber auch der Wirte untereinander, verdanken wir dem Lehrer Richard Dauenhauer. Er begann Anfang der dreißiger Jahre ein Buch über Apfelwein und Heckenwirtschaften in Alt-Bornheim zu verfassen. Allerdings liegen seine Aufzeichnungen, die nie beendet wurden, nur handschriftlich vor; das einzige Exemplar ist Eigentum von Otto Rumeleit, dem Gastwirt der »Eulenburg« in der Bornheimer Eulengasse. Dauenhauer hat nicht nur im Stadtarchiv nachgelesen, sondern auch die mündlichen Überlieferungen alter Bornheimer verwertet.

Wir haben Dauenhauers Werk durchgeblättert und geben eine kurze Zusammenfassung wieder. Die Schilderung der Vorgänge dürfte auch auf andere »Apfelweinorte« um Frankfurt zutreffen.

Als ersten schriftlichen Beleg der Bornheimer Apfelweinherstellung zitiert Dauenhauer die Niederschrift des Ortspfarrers Walther über die Ernte des Jahres 1715: »Die Erntde ist dießes Jahr in allem vollkommen reichlich gesegnet gewesen an allen Feld- und Baumfrüchten. Wie den Aepfel und Birnen und dermahlen große Mengen gewesen, daß viele Einwohner nicht gewußt wo sie hie mit denselben gesollt. Wie ich denn in den Pfarr-Gärten die weil ich hier bin soviel Obst noch nie erhalten habe. Fast in allen Häusern sind Aepfel und Birn gestunden und Obst-Wein gekeltert worden.« Die Traubenernte, fährt der Pfarrer fort, sei geringer ausgefallen, da das Wetter im August kalt und rauh gewesen war.

Nachdem die Weinstöcke wegen der Klimaveränderung immer weiter zurückgedrängt wurden, war der Apfelwein etwa um 1750 das Hauptgetränk der Bornheimer geworden. Er wurde in Gast-, Baum- und Heckenwirtschaften ausgeschenkt, wie aus einem Landamtsprotokoll von 1758 hervorgeht. Jeder Bornheimer »Nachbar« hatte das Recht, sein eigenes Gewächs (und nur dieses) gegen eine Gebühr von 40 Kreuzern für das Ohm (143,4 Liter) zu verzapfen. So entstanden die sogenannten Heckenwirtschaften, kleine Familienausschänken ohne Konzession, im Gegensatz zu den Gast- und Baumwirtschaften. Die Gebühr nannte man das »achte Maß«.

Das Verzapfen von Apfelwein aus gekauftem Obst war den Nachbarn bei zehn Reichstalern Strafe verboten. Dieses Recht stand nur den regulären Gastwirten zu. Und darüber entstand auch bald ein handfester Krach. Denn die Gastwirte kauften fast alle Äpfel auf und brauchten außer ihrem gewöhnlichen »Wirtsumgeld« für den Ausschank von Apfelwein keine Abgaben mehr zu zahlen.

Dem Landamt fiel nämlich auf, daß sich die »Apfelweinakzise«, das heißt die Verbrauchssteuer, in den Dörfern Bornheim und Oberrad ständig verringerte, obwohl mehr gekeltert wurde. Es kam zu Verhandlungen, deren Verlauf in den Landamts-Protokollen vom 23. September und vom 2. Oktober 1758 festgehalten ist. Die Wirte verpflichteten sich darin, künftig »jährlich, es mag Apfelwein geben oder nicht, zusammen 100 fl (fl = Florin = 17,2 Mark) ohne Abbruch des ordentlichen Wirthschafts

Umgeldes zu bezahlen«. Die Gebühr wurde vom Schultheißen kassiert und an das Landamt abgeführt. Er stellte bei jedem Wirt das Apfelweinquantum fest. Das Ohm wurde zu 40 Kreuzern berechnet und das an 100 Florin Fehlende prozentual auf die Wirte umgelegt. Über die Abgaben der einzelnen Wirte existieren genaue Aufstellungen.

Der tatsächliche Verbrauch dürfte jedoch sicher viel höher gewesen sein. Man trug wohl entsprechend Sorge, daß die 100 Florin nicht wesentlich überschritten wurden, um nicht neue Auseinandersetzungen mit den Behörden heraufzubeschwören. 1768 ließ das Landamt prüfen, ob der Betrag von 100 Florin nicht zu niedrig sei und ob bei Einzelerhebung von 40 Kreuzern je Ohm nicht mehr herauskäme, was aber anscheinend nicht der Fall war.

Daß die Wirte tatsächlich die Obrigkeit zu hintergehen versuchten, ist im Falle des Nikolaus Heister belegt, von dem es in einem Protokoll des Schultheißen Rühl an das Landamt wörtlich heißt, er habe »nach der Aufnahm heimlicherweis noch Äpfelwein verkauft und nicht angezeigt«.

Die pauschale Abgabe der Apfelweinakzise erwies sich in den folgenden Jahren als eine sehr unglückliche Konstruktion. Immer wieder lehnten einige Wirte die Zahlung mit dem Hinweis ab, daß sie überhaupt keinen Apfelwein zapften. Am 19. November 1774 reichten ein Dutzend Bornheimer Wirte eine Klageschrift gegen neun Kollegen ein, die sich geweigert hatten, einen Beitrag zu der 100-Florin-Pauschale zu zahlen, weil sie angeblich keinen Apfelwein ausschenkten. Am 14. Juli bekamen die Beklagten recht.

Bis zu welchem Zeitpunkt die Pauschalgebühr erhoben wurde, ist aus den Akten nicht ersichtlich. Die Streitigkeiten und Klagen dauerten jedenfalls fort. Irgendwann wurde dann wohl eine andere Bemessungsart gefunden, wahrscheinlich nach dem tatsächlichen Verbrauch.

Ende des 18. Jahrhunderts nahmen die Heckenwirtschaften in Bornheim stark zu. Es wurde mindestens soviel Apfelwein verkonsumiert, schreibt Dauenhauer, wie in Sachsenhausen. Andere Ortschaften der Umgegend kamen dagegen als Apfelweinquellen weniger in Betracht. Zumindest erreichten sie nicht die Umsätze wie in Sachsenhausen oder Bornheim. Hausen, Ginnheim und Bockenheim wiesen bei weitem nicht eine so große Zahl von Lokalen auf. Die Zunahme der Heckenwirtschaften war indirekt bedingt durch die geringer werdende Zahl von Apfelwein zapfenden Wirten. Die in der Minderheit verbliebenen Wirte befürchteten nämlich, einen zu hohen Teil der 100-Florin-Pauschale tragen zu müssen und überließen den Apfelwein-Ausschank lieber den Nachbarn, eben den Heckenwirten. Trotz der vielen bestehenden Heckenwirtschaften entstanden nach 1813 aber auch neue Apfelweingärten, die das ganze Jahr über zapften. Manche Heckenwirte erwarben auch die Wirtskonzession und schenkten das volle Jahr hindurch aus. Ende des vergangenen Jahrhunderts verschwanden die meisten Heckenwirtschaften. Angesichts eines heraufdämmernden neuen gastronomischen Zeitalters und geänderter gesetzlicher Vorschriften war für die Kleinstbetriebe die Zeit zu Ende.

Von 1850 ab entstanden in Bornheim die ersten größeren Unternehmen, die Apfelwein in großen Mengen herstellten und ins In- und Ausland verschickten. Das erste Versandgeschäft wurde 1850 von Johann Georg Rackles in der Spillingsgasse gegründet. Ein Gesuch des Georg Rackles II vom 18. Juni 1858 um eine Konzession für eine Apfelweinwirtschaft wurde übrigens vom Landamt abgelehnt. Einer der bedeutendsten Großhersteller in Bornheim war die Familie Cornel, die von 1838 bis 1868 eine Heckenwirtschaft betrieb. Der Name Cornel war vor allem vor dem Zweiten Weltkrieg als Apfelweinproduzent populär und ist auch heute noch auf Flaschenetiketten zu finden. Die Familie selbst hat sich allerdings aus dem Geschäft vollständig zurückgezogen.

Auch in Frankfurt wird gestritten

Wie es unterdessen in Frankfurt weiterging, entnehmen wir dem Heftchen von Schad, der seinerseits die Dissertation von Weil ausgewertet hat. In der Stadt hatte die Zapferlaubnis von 1733 bei anderen Berufen ähnlicher Art starke Proteste hervorgerufen. Vor allem waren es wieder die Bierbrauer, die sich stark benachteiligt fühlten. Zahlreiche Eingaben an den Rat der Stadt weisen auf den starken Konkurrenzkampf hin, der sich damals abspielte. Die große Rolle des Apfelweins im wirtschaftlichen Leben der Stadt in der damaligen Zeit geht aus diesen Kämpfen deutlich hervor.

Diese Eingaben geben nach Weils Untersuchungen auch interessante Hinweise über den damaligen Konsum an Apfelwein in Frankfurt.

In guten Obstjahren sollen 6000 bis 8000 Ohm Apfelwein allein in Sachsenhausen im Jahr verzapft worden sein.

Rechnet man 1 Ohm mit etwa 140 Liter, so sind dies über 10000 Hektoliter. Im Umkreis von 10 bis 20 Meilen wurde das Obst zu Wasser und Lande herbeigeschafft. Man kann den Ärger der Bierbrauer verstehen, wenn man liest, daß im Ausschank ein Maß Apfelwein soviel kostete wie ein Glas Bier. Ein Maß, das waren rund 1,8 Liter, ein Glas dürfte etwa einem Schoppen von knapp einem halben Liter entsprochen haben.

Endlich, 1750, erlaubte der Rat auch den Bierbrauern den Ausschank von Apfelwein. In diesem Jahre wurde auch die Besteuerung neu geregelt. Man lehnte sich an die Verordnung von 1733 an, erhöhte aber die Bußen auf 10 Reichstaler. Von ihnen erhielt der Denunziant ein Drittel. Es wurde ihm dabei versichert, daß sein Name ungenannt bleibt. Das Ausschenken auf Höfen außerhalb der Stadt wurde, wie schon 1742, ausdrücklich verboten.

Nach einer späteren Verordnung erfaßte man die Obstmengen beim Hereinfahren durch das Stadttor. Die Versteuerung mit 15 Kreuzer pro Malter (2 Zentner) erfolgte später auf dem Rentamt. Betrug wurde mit Wegnahme des Obstes geahndet. Die Verordnung läßt auch erkennen, daß damals aus einem Zentner Äpfel ungefähr 20 Liter Wein gekeltert wurden, heute sind es mindestens 35 Liter, wegen der wesentlich verbesserten Pressen-Technik. Ein Malter für eigenen Verbrauch war steuerfrei.

Manche Verbesserung und Veränderung haben, anscheinend durch gewisse Mißstände verursacht, diese Maßnahmen in späteren Jahren noch erfahren. Das Obst wurde seit 1802 wohl schon am Stadttore erfaßt und eingeschrieben, die Gebühr aber wurde erst nach dem Keltern und beim Verzapf erhoben. Seit 1813 mußte die eingekelterte Menge an die Großherzogliche Accis-Inspektion gemeldet werden. Auch wurde am 13. Juli 1808 angeordnet, daß am Sonntag vor Beendigung des Gottesdienstes nicht gezapft werden durfte, und es war verboten, vor den Wirtschaften Tische und Stühle aufzustellen.

Bei dem großen Konsum war es weiter nicht verwunderlich, daß mancher versuchte sich durch grobe Verfälschungen des Apfelweins unrechtmäßig zu bereichern. So fand Weil bei der Durchsicht der Akten von 1750 und 1751 den Hinweis, daß die städtischen Behörden unter dem Eindruck dieser groben Mißstände zwei Gutachten erstatten ließen, um die Menschen vor diesen Zuständen zu schützen.

Das eine erstattete ein Kellervisierer, ein Beamter, dem die Revision der Weinkeller oblag, das andere ist von einigen Physikern verfaßt. Er regte am 24. Februar 1751 an, daß man auf zweierlei Art Abhilfe schaffen könne. Man solle erstens eine öffentliche Aufforderung zur Abgabe von Weinproben ergehen lassen. Sie seien nicht nur geschmacklich, sondern auch chemisch zu untersuchen.

Bei der chemischen Untersuchung solle man sich an »Professor Neumanns tractat pro lectiones chemicae« halten. Eine der wesentlichsten Verfälschungen sei mit »hythrargirum« (Quecksilber), wodurch die Säure »praecipitiert« werden solle. Möglicherweise mußten Proben auch durch Vertraute heimlich entnommen werden.

Zweitens müsse die alte Weinordnung wieder eingeführt werden. Nach ihr mußte der Wein vor dem Abstechen auf dem Rentamt untersucht werden.

Fälschungen mit »Mineralien und Silberplatt«

Weiter fand Weil bei seinem Studium der Akten eine »Inquisition« vom Dezember 1750 in Hanau.

Es heißt darin: »Wer Wein mit ›Mineralien und Silberplatt‹ verfälscht, solle ohne Gnade mit dem Strang zu Tode gebracht werden.« Die Verfälschung mit Vegetabilien und Rosinen oder Zuckerrüben wird mit Zuchthaus oder mit Auspeitschung und Verweisung aus dem Lande bestraft. Als Untersuchungsmethode dient Fällung mit »Auripigment«, die eine rote oder schwarze Färbung hat und einen schwefligen und stinkenden Geruch aufweist.

Weil schreibt hierzu: »Es handelt sich hier offenbar um eine Fällung des im Wein noch gelösten Quecksilbersalzes mit Schwefelwasserstoff«.

Das zweite Gutachten vom 1. März 1751 stammt von den Physikern. Auch dies ist sehr interessant und sehr ausführlich von einigen Frankfurter Wissenschaftlern verfaßt. Unter ihnen ist auch der bekannte Dr. Senckenberg, dem Frankfurt die Senckenbergstiftung verdankt.

Die wesentlichen Punkte der Ausführungen sind nach Weil folgende:

1. Zur Untersuchung auf Weinverfälschung benötigt man eine versiegelte Probe des verdächtigen Weines. Die Gefäße, in denen der Wein aufbewahrt und ausgeschenkt wird, sind möglicherweise auch zu untersuchen.
2. und 3. Zur Verfälschung des Weines wurden folgende »Ingrediencien« verwendet: Hythrargirum (Quecksilber), cerusa (Blei) oder auch andere: »ex familia saturni«. Diese seien sehr schädlich für den Menschen. Ferner kämen in Frage: Marcasit und Wismuth. Schließlich seien Zucker, Rosinen und Branntwein auch oft verwendete Fälschungsmittel.
4. Der Nachweis sei schon hinreichend, wenn »metallischer oder mineralischer Zusatz sich offenbaren«.
5. Um diese Zusätze zu entdecken, stünden folgende Materialien zur Verfügung: Calcium vira (Cal-

ciumoxyd) mit auripigmente in einer solutione aquea zu einem liquore gemacht, wie solcher zu Anfang des jetzigen saeculi (Jahrhunderts) im Herzogtum Württemberg zu dieser Operation gebraucht worden.«

Der chemische Nachweis des Quecksilberzusatzes erfolgt hier, wie schon aus dem Visiererbericht hervorging, durch Füllung mit Schwefelwasserstoff.

Zur Erkennung der Zusätze mit Rosinen und »spiritus vini« gab es wohl nichts Besseres als »eine an Proben geübte Zunge«.

6. Die Untersuchung könne am besten im Hause des Gutachters gemacht werden. Der Apotheker müsse behülflich und bei der Untersuchung zugegen sein. Ein »Rentenamtsdeputierter« müsse ebenfalls zugegen sein.
7. Die Taxe für diese Untersuchung sei noch unbestimmt.

Unterschrieben ist das Gutachten von Dr. Phys. Joh. Martin Stark, Cornelius Gladbach und Joh. Christian Senckenberg.

Wir sehen aus diesen Ausführungen, wie sehr der Rat der Stadt Frankfurt, und auch anderer Städte, schon damals bemüht war, unter Zuziehung der Wissenschaft Verfälschungen zu Leibe zu rücken. Durch schwerste Strafen, selbst mit der Todesstrafe, wollte man abschreckend wirken. Man war schon damals der Ansicht, daß die Getränke, und unter ihnen besonders der Apfelwein, von größtem öffentlichem Interesse waren.

Ein »Unglück« besonderer Art trifft, wie Walter Gerteis in »Das unbekannte Frankfurt« berichtet, im Spätsommer des Jahres 1878 Sachsenhausen. Der Polizeipräsident setzt für Dribb de Maa die Sperrstunde auf elf Uhr fest! Ein Aufschrei der Empörung geht durch die Reihen der Apfelweintrinker. Stoltze eilt ihnen zu Hilfe:

Denkt Euch, en junge Borsch von hiwe,
Der net vor Acht zum Stoffche kimmt,
Un mecht sei Halwe, sechs bis siwe –
Is der um Elf for'sch Bett bestimmt?

Und er donnert in der »Latern« dem königlich preußischen Polizeipräsidenten entgegen: »Um Elf Feierawend? Bei dene Eppel net!«

Soweit die ältere Geschichte des Apfelweins in Frankfurt und Umgebung.

Zum Schluß der Geschichte aber noch ein Geschichtchen, das immer wieder erzählt wird, in seinem Wahrheitsgehalt jedoch jeder Grundlage entbehrt. Es betrifft einmal mehr die »Erfindung« des Apfelweins.

In einer 1934 veröffentlichten Abhandlung wird die ketzerische Behauptung aufgestellt, der Apfelwein sei erst im 18. Jahrhundert geboren worden. In dem guten Obstjahr 1754 habe ein Sachsenhäuser Gärtner namens Werner den ersten Apfelwein gekeltert, ursprünglich, um seine Äpfel vor dem Verderb zu schützen. Die Polizei sei jedoch eingeschritten und habe den »Teufelstrank« bis zur Klärung der Sache beschlagnahmt, aber nach Prüfung durch das Rechneiamt wieder freigegeben. Werner sei dann die Schankerlaubnis erteilt worden. Daraufhin, so die Mär weiter, habe ein dermaßen starker Andrang eingesetzt, daß ein Konstabler den Verkehr regeln mußte.

Nix dadevo is richtisch, es war so – odder so ähnlich – wie's hier beschriwwe worn is. De Äppelwei is so alt wie die Menschheit, wenn net noch älter.

Halten wir uns lieber noch einmal an Frankfurts zweitgrößten Dichter und Denker, an Friedrich Stoltze, der zum Stöffche ja so manch einprägsames Wort hat fallenlassen:

Trink balaib nit weniger Eppelwei
als wei de Dorscht host,
un jo net mehr, als daß de net noch
sehr viel hinnenoch trinke kenntst.

Und wann de darr deß all zu Harze nemme dhoust
un befolge dhoust, su warrscht de dei Bad un
Wunner erlewe an den Eppelwei, un des Stoffche
werrd darr Kraft gewe, denn Kraft und Stoff geheern zu enanner.

Womit wir schließlich und endlich das Stadium des Trinkens erreicht haben. Was es da driwwer zu saache gibt, steht uff de nächste Seite, bitte umblättern.

Zwei Sachsenhäuser „Äppelweinbrüder" befinden sich auf dem Heimweg. Dem einen fällt ein Fünfzigpfennigstück auf das Pflaster, macht aber keine Anstalten es aufzuheben. Der andere fragt: „Warum hebst'n du den Fuffzicher net uff?" – „Ei, du Affeheiner, daß mer for zwaa Mark Äppelwoi aus'm Hals leeft?"

Die Wirtschaften und die Wirte

Von der Fasson her eher handfest

Einkehr

Bei einem Wirte wundermild,
Da war ich jüngst zu Gaste;
Ein goldner Apfel war sein Schild
An einem langen Aste.

Es war der gute Apfelbaum,
Bei dem ich eingekehret;
Mit süßer Kost und frischem Schaum
Hat er mich wohl genähret.

Es kamen in sein grünes Haus
Viel leichtbeschwingte Gäste;
Sie sprangen frei und hielten Schmaus
Und sangen auf das beste.

Ich fand ein Bett zu süßer Ruh'
Auf weichen, grünen Matten;
Der Wirt, er deckte selbst mich zu
Mit seinem kühlen Schatten.

Nun fragt ich nach der Schuldigkeit,
Da schüttelt er den Wipfel.
Gesegnet sei er allezeit
Von der Wurzel bis zum Gipfel!

Zugegeben, Ludwig Uhlands Gedicht »Einkehr« aus dem Zyklus »Wanderlieder« paßt mit seiner feinen Poesie vielleicht nicht ganz hierher, von Apfelwein wird darin nichts gesagt. Aber das Gedicht ist gar zu schön und bei manchem weckt es sicher Erinnerungen an ein Alter, in dem er an Apfelwein noch lange nicht gedacht hat. Als Überleitung zum Kapitel Wirte und Wirtschaften scheint es zudem auch nicht völlig ungeeignet, selbst wenn der Tonfall dem Objekt nicht sehr angemessen ist. Denn Apfelweinwirte sind in ihrer Fasson meistens eher handfest und derb geraten, denn mild und voller Fürsorge. Sie tragen ihr Herz oft auf der Zunge und wissen auch gegenüber den Gästen jederzeit ihre Stellung als Herr im Haus zu wahren. In Sachsenhausen kursiert der Spruch: »Mer sin zwar grob, awwer mer maanes aach so.« Und so ist es in der Tat, wer früher dreißig- bis vierzigmal am Abend beidarmig schwere Bembel die Kellertreppe hochschleppte, mit dem sollte man besser keine Händel suchen. Heute allerdings besorgt den Transport die Monopumpe, aber trotzdem...

Daß die Apfelweinwirte von jeher selbstbewußt genug waren, um sich auch mit der Obrigkeit anzulegen, wurde in der Geschichte des Apfelweins schon geschildert. Daran hat sich bis heute nichts geändert. Ob es um die Steuern geht, um die Konzession, oder um Auflagen vom Gewerbe- und Ordnungsamt, man scheut sich nicht, notfalls auch selbst den Gang zum Kadi anzutreten. Manchmal allerdings gerät sogar die ganze Innung zu Unrecht in den Geruch, mit der Justiz auf Kriegsfuß zu stehen. Wenn zum Beispiel eine Frankfurter Zeitung unter der Überschrift »Apfelweingastwirt unterliegt vor Gericht«, darüber berichtet, ihm sei in Sachsenhausen die sogenannte Singspielerlaubnis verweigert worden, dann dürfte es sich dabei kaum um einen Apfelweingastwirt gehandelt haben. Denn mit der Bezeichnung »Singspielerlaubnis« werden in der Regel offiziell solche Darbietungen umschrieben, die man gemeinhin »Striptease« nennt.

Traditionell haben sich die Wirte aber nicht nur mit Behörden und Gerichten angelegt, sondern auch in den politischen Auseinandersetzungen waren die gewichtigen Wirte in Frankfurt immer eine gewisse Kraft. Worüber wird im Wirtshaus schließlich auch geredet, wenn nicht über Politik? Das be-

»Zum Altänchen«, Zeichnung von Ferry Ahrlé

kannteste Beispiel dafür stammt wohl aus Friedrich Stoltzes Geburtshaus, dem »Gasthaus zum Rebstock«, wo während der Zeit der politischen Gärung in den dreißiger Jahren, vor der 48er Revolution, so manche konspirative Sitzung stattgefunden haben soll.

Neben der Politik war natürlich in den alten Gasthäusern auch sonst immer noch was los. Jedenfalls mehr als heute, wenn man den alten Erzählungen glauben darf. Da kamen die Reiter mit ihren Pferden bis zur Theke, da wurde Wurstschnappen nach fetten Preßköpfen veranstaltet, die von der Decke baumelten, da wurde getrunken, bis man wahrhaftig unter dem Tisch lag, und hin und wieder bekam auch mal einer was mit der Mistgabel ab; der hinkte dann, und die Gastwirtschaft hieß »Zum lahmen Esel«.

Die Geschichten, ob Dichtung oder Wahrheit, über die wilden Jahre vor und nach der Jahrhundertwende sind nicht zu zählen, genausowenig wie die dabei erfundenen Sprüche und Redeweisen. Am besten ist, man setzt sich selbst in die einschlägigen Häuser und hört zu. »Nach em verte Schobbe darf mer de Nachbar aach fraache.«

An dieser Stelle wird es Zeit, aufs neue Friedrich Stoltze zu zitieren. Auch er hat den Apfelweinbrüdern oft zugehört und dabei folgendes Kurzgespräch aufgenommen, das wir einmal mehr wiedergeben wollen, weil es gar zu treffend ist:

Millerche:	No, Herr Kapedeen, am Sonntag hat ja gewiß des Gewitter in Bornheim im Loos sein Gaarte in en Werrtsdisch geschlage.
Berjerkapitän:	Ja, Millerche; es war nor e Gottesglick, daß kaa Äppelwei druff gestanne hat.
Millerche:	Des is es ja ewens, Herr Kapedeen. E Gewitter soll en Werrtsdisch verschmeiße, uff dem kaa Äppelwei steht!

Apfelwein wird natürlich nicht nur innerhalb der Stadtgrenzen getrunken, sondern auch außerhalb derselben, im Taunus, in der Wetterau, im Spessart und im Odenwald. In den Bauernwirtschaften wird oft ein »Droppe« ausgeschenkt, der manchen Städter vor Neid erblassen läßt. Und so manche Gastwirtschaft kann auf eine jahrhundertealte Tradition verweisen und auf so manchen prominenten Gast, der sie mit seinem Besuch beehrte. So ist Bismarck regelmäßig bei der noch heute existierenden »Mutter Kraus« in Schwalbach eingekehrt, eine Fotografie zeugt davon, und ebenso im Batzenhaus in Neuenhain. Apfelweinfreund Bismarck soll einen Zwölfer-Bembel allein geschafft haben. Er war für seinen Durst und für seinen gesegneten Appetit bekannt. Bismarck hat sich nach seinem 75. Geburtstag handschriftlich beim Batzenwirt bedankt, der ihm eine Probe vom besten Faß als Geschenk übersandt hatte.

Nicht alles gärte im eigenen Keller

An dieser Stelle noch ein Wort zu den sogenannten selbstkelternden Apfelweinwirtschaften. Wenn im Herbst in Sachsenhausen, in den Vororten und auch im Taunus und in der Wetterau in den Höfen die Äpfelberge aufgeschüttet werden, ist das, wie manche glauben, keinesfalls nur Schau. Die Wirte keltern erhebliche Mengen selbst. Umgekehrt ist es aber auch nicht so, wie die Wirte, nicht nur in Sachsenhausen, gern und oft behaupten, nämlich, daß sie *alles* selbst keltern. Das können sie schon aus Kapazitätsgründen seit langem nicht mehr. Zu einem bestimmt nicht kleinen Teil müssen sie aufs Stöffche der Großhersteller zurückgreifen, mit dem sie ihren eigenen Vorrat verschneiden. Da auch die großen Keltereien verschiedene Sorten in den Fässern liegen haben, suchen sich die Wirte die passende Geschmacksrichtung aus. Bei der Anlieferung wird mit größter Vorsicht zu Werke gegangen. Liefertermin ist immer nur nachts, daß es bloß niemand sieht, und manchmal wird der Tankwagen zur Tarnung sogar noch mit Tüchern verhängt.

Doch selbst wenn in einigen Wirtschaften überhaupt nur »Industrieschoppe« ausgeschenkt würden, wäre das auch keine Schande. Die Qualität der industriell hergestellten Weine hält heute mit den hausgekelterten ohne weiteres mit, von den Billigprodukten aus Gegenden außerhalb des Frankfurter Raums einmal abgesehen. Die sind allerdings manchmal kaum noch zumutbar. Die »Geschworenen«, für die der Apfelwein eine Weltanschauung ist, die wissen zudem meistens schon lange, welcher Wirt wann seinen selbstgekelterten Schoppen ausschenkt und wann andere Fässer an der Reihe sind. Und die, die das nicht wissen, für die ist es wohl auch nicht so wichtig.

Die Fachvereinigung

Die Apfelweinwirte haben zwar untereinander so manchen Strauß ausgetragen, aber sie haben sich auch immer wieder vertragen. Verhältnismäßig spät, 1919, fanden sie sich schließlich auch zu einer unabhängigen Fachvereinigung zusammen. Die genaue Bezeichnung lautete: »Vereinigung der Äpfelweinkeltereien mit eigenem Ausschank Frankfurt am Main und Umgebung e. V.«, und so heißt sie auch heute noch.

Die Gründung während der Notjahre nach dem Ersten Weltkrieg hatte vor allem wirtschaftliche Hintergründe. Die Einkaufsmöglichkeiten sollten verbessert werden. Kelteräpfel waren in jenen Mangeljahren rar und die Herstellung von Gärmost unterlag strenger Bewirtschaftung. Die Wirte kämpften für die Beseitigung der Auflagen. Erster Vorsitzender der Vereinigung war Heinrich Goll. Danach führte Adolf Klein, genannt »Atschel«, die Geschäfte. Ihm folgte später Karl Heyland, der bekannte Apfelweinwirt vom Römerberg. Auf dessen Gasthaus hat Adolf Stoltze einen Reim verfaßt: »Trinkst Du beim Heyland Äppelwoi hier uff dem Römerberg, werst Du dem Herrgott näher sei, wie sonst wo in der Kerch.« Nach der »Machtergreifung« mußte Heyland als Vorsitzender im Zuge der sogenannten Gleichschaltung weichen. Der Wechsel im Vorsitz ist mit einer, wie glaubhaft versichert wird, wahren Begebenheit verbunden:

Heylands Nachfolger, ein kommissarisch eingesetzter Wirt aus Bornheim, der Name tut nichts zur Sache, und ein »Hundertfuffzichprozentiger«, dem stach die wohlgefüllte Kasse der Vereinigung ins Auge. Er beschloß, wenigstens einen Teil des Geldes im Rahmen der »Bewegung« sinnvoll anzulegen. In einem Gasthaus, in der Nähe des Eisernen Steges, versammelte er seine Freunde von SS und SA, um einen standesgemäßen Kameradschaftsabend auf Kosten der Wirte zu feiern.

Doch die Wirte bekamen Wind davon. Und ehe das Fest noch begann, hatten sie, mit Taxis und ei-

Der Aepfelwein
ein Volksgetränk

Herausgegeben von der

Vereinigung der Aepfelwein-Keltereien mit eigenem Ausschank von Frankfurt a. M. und Umgebung

Druck: Leo Heß · Frankfurt a. M.-Süd, Schulstraße 37, am Eisernen Steg genen Autos schnell unterwegs, den Kassenbestand an die Mitglieder verteilt. Der Satzung gemäß blieb nur ein Mindestbetrag in der Portokasse übrig. Die Kameraden sahen an diesem Abend in die oft zitierte Röhre, oder etwas zutreffender ausgedrückt, sie sahen ins leere Glas.

In der folgenden Zeit wurde immer wieder versucht, den selbstkelternden Apfelweinwirten die Konzession für die eigene Herstellung des Stöffchens zu entziehen. Aber die Wirte wehrten sich erbittert und vermochten sich auch durchzusetzen. Wenigstens diese Tradition blieb auch im Dritten Reich bewahrt, anderenfalls hätte es den Untergang des Gewerbes bedeutet. Direkt nach Kriegsende, 1945, wurde die Vereinigung neu gegründet, und im Volksbildungsheim wurde Willi Rühl aus der Klappergasse zum neuen Vorsitzenden gewählt.

Allmählich gelang es, das fast total unter den Bomben zusammengebrochene Gewerbe wieder halbwegs aufzubauen. Schließlich wurde auch die Beseitigung der Zwangsbewirtschaftung von Kelterobst erreicht. Nach Rühls frühem Tod übernahm Jakob Stubenrecht aus Griesheim den Vorsitz. Die Vereinigung wurde organisatorisch ausgebaut und dem Verband der »Hessischen Süßmost-, Äpfelwein- und Obstgetränkehersteller e.V.« angeschlossen. Seit 1960 steht Otto Rumeleit von der Bornheimer »Eulenburg« an der Spitze der Vereinigung. Mit seinem Amtsantritt wurde das Frankfurter Nationalgetränk auch getränkesteuerfrei. Allerdings ist der Apfelwein nur in Frankfurt von dieser Sondersteuer befreit. Im benachbarten Neu-Isenburg wird sie immer noch erhoben. Die großzügige Regelung in Frankfurt führt allerdings beim sogenannten »Gespritzten« zu einem Kuriosum. Denn das Mineralwasser zum »Spritzen« unterliegt der Getränkesteuer. Man behilft sich, indem man diese Tatsache nicht zur Kenntnis nimmt.

Ein Untersuchungsbericht aus den dreißiger Jahren zeigt, welchen Wert die Frankfurter Wirte schon immer auf den Qualitätsnachweis des Stöffchens gelegt haben.

Bericht

für die Vereinigung der Aepfelwein-Keltereien mit eigenem Ausschank, von Frankfurt a.M. und Umgebung

In Bestätigung Ihres Wunsches, uns auch auf Grund einer unparteiischen wissenschaftlichen Untersuchung einen Einblick in die Beschaffenheit der zur Zeit in Frankfurt a.M. von kleineren Obstweinherstellern zum Ausschank gebrachten Aepfelwein zu verschaffen, haben wir in drei Wirtschaften folgende Proben und einer sachgemäßen Analyse unterzogen:

Probe I in einer Wirtschaft im Stadtteil Sachsenhausen.

Probe II in einer Wirtschaft im Stadtteil Innenstadt.

Probe III in einer Wirtschaft im Stadtteil Sachsenhausen.

Die Probenahme geschah durch uns in unauffälliger Weise und ohne daß die Wirte von uns zuvor irgendwie über Zeit und Zweck der Erhebung unterrichtet worden waren.

Die Untersuchung wurde sofort nach der Einlieferung der Proben in unserem Institut (Abteilung für Gärungsindustrie) vorgenommen und ergab folgende Befunde.

a) Aeußere und physikalische Beschaffenheit:

Probe	„I“	„II“	„III“
Aussehen	schwach trüb	schwach trüb	schwach trüb
Geruch	normal	normal	normal
Geschmack	rein mit recentem Trunk	rein mit recentem Trunk	rein mit recentem Trunk
Spec. Gewicht bei 15°C	1,00068	1,00155	1,0022

b) Chemische Analyse:

In 100 ccm sind enthalten:

Probe	„I“		„II“		„III“	
Alkohol	4,55	gr	4,77	gr	4,91	gr
entspr. Volumen — %	5,73	%	6,01	%	6,19	%
Extrakt	2,22	gr	2,52	gr	2,57	gr
Asche	0,25	gr	0,27	gr	0,27	gr
Freie Säure (Aepfels.)	0,437	gr	0,515	gr	0,675	gr
Flücht. Säure (Essigs.)	0,098	gr	0,048	gr	0,044	gr
Fixe Säure (Aepfels.)	0,327	gr	0,461	gr	0,626	gr
Zucker unter	0,1	gr	0,14	gr	0,1	gr
Extrakt – Zucker + 0,1:	2,22	gr	2,48	gr	2,57	gr

c) Mikroskopische Untersuchung:

»I und II«
Wenig tote und lebende Hefezellen, Eiweißgerinnsel.

»III«
Wenig tote und lebende Hefezellen, wenig Milchsäurestäbchen und etwas Eiweißgerinnsel.

d) Beurteilung:

Nach obigen Untersuchungsergebnissen zeigen die drei Aepfelweine eine nicht gleiche aber sehr ähnliche Zusammensetzung. Insbesondere besitzen die Aepfelweine einen relativ hohen Extraktgehalt, der sich auch im Trunk namentlich in Verbindung mit der allen drei Proben eigenen Recenz angenehm bemerkbar macht. Der Säuregehalt ist bei allen drei Proben als normal zu bezeichnen und gibt den Aepfelweinen den erwünschten kräftigen Geschmack. In der Probe II ist noch eine Spur unvergorenen Zuckers vorhanden, die aber praktisch nicht zur Geltung kommt.

Die drei untersuchten Schenkäpfelweine besitzen die Kennzeichen einer reinen Ware. Sie sind im Trunk angenehm und erfrischend. Aus der ungefähr gleichen Beschaffenheit der drei, *in ganz verschiedenen Stadtteilen von uns willkürlich erhobenen Proben ist die Folgerung zulässig, daß auch in den kleineren Frankfurter Betrieben im allgemeinen bei einer reellen Arbeitsweise ein guter ortsüblicher Aepfelwein hergestellt und zum Ausschank gebracht wird.*

Chemisch-techn. u. hygienisches Institut
Prof. Dr. Heinrich Becker
gez. Dr. Hans Karl Becker
staatl. vereid. Handels-Chemiker

Nun hat sich, um es angepaßt auszudrücken, die »Äpfelwein-Szene« vor allem während der letzten Jahre grundsätzlich geändert. Der Apfelwein, soweit er öffentlich getrunken wird, verliert – trotz einer gewissen Renaissance bei der Jugend – ständig an Boden. Erzübel: Immer mehr echte Apfelweinwirtschaften schließen oder verlieren ihren typischen Charakter. Das große Sterben hatten schon die Bomben des Krieges eingeleitet. Viele Lokale sind in Schutt und Asche versunken, und nur die Vorkriegsgeneration erinnert sich überhaupt noch der Namen, mit denen teils auch die Wirte selbst gemeint waren: Rieweloch, Mordche, Schee Fraa, Fahrbaum und wie sie alle hießen.

Heute fehlen bei den übriggebliebenen Familienbetrieben häufig die geeigneten Nachfolger, die Pachtverträge laufen aus oder alte Lokale werden von neuen Inhabern regelrecht zweckentfremdet; der Apfelwein wird in eine Nebenrolle gedrängt, wo er früher unumschränkt herrschte. Wer heute durch das alte Apfelweinviertel in Sachsenhausen geht, kann die Täter nennen: Diskotheken, Bierpinten, Schnellgaststätten und andere artfremde Lokale bestimmen weitgehend das grelle Kolorit. Als Apfelweinviertel ist Sachsenhausen fast verloren. Ähnliches findet man auch in Düsseldorf oder Hamburg. Der »Lauf« ist der gleiche. Die wenigen Apfelweinwirtschaften aus der alten Zeit wurden häufig mit Resopal renoviert und sind fest integrierter Bestandteil des allgemeinen Tourismusrummels geworden. Wobei die Touristen durchaus auch aus Bockenheim oder Seckbach kommen können. Idyllisch ist Sachsenhausen heute nur noch morgens um 11 Uhr, oder am frühen Nachmittag, wenn die Rentner und ein paar Müßiggänger das Bild bestimmen.

Im übrigen findet man echte Apfelweinatmosphäre in Sachsenhausen nur noch in einigen Oasen, wie zum Beispiel in der Textor- oder Schweizer Straße. Die meisten Kenner haben sich in die Vororte zurückgezogen, nach Bornheim, Seckbach, Bergen oder Schwanheim. In Sachsenhausen aber gehört die Apfelweinromantik, wie sie Schad noch Anfang der fünfziger Jahre beschrieb, weitgehend und endgültig der Vergangenheit an. Wer heute abends durch »Dribbdebach« bummelt, auch wenn er zur jüngeren Generation zählt, der sich gerade noch an die fünfziger Jahre erinnern kann, dem wird es weh ums Herz, wenn er daran denkt. Wie schrieb Schad?

»Ob je nach Jahreszeit ›Alter‹, ›Süßer‹, oder Rauscher kredenzt wird, die Gemütlichkeit bleibt die gleiche. Ein eigenes Milieu hat sich in diesen ›Äppelwoiwirtschaften‹ entwickelt. Reich und arm, hoch und niedrig, trifft sich beim ›Stöffche‹ und unterhält sich bestens. Die Hände umfassen die rippigen Gläser. Sie trinken sich zu, eine große Gemeinschaft. Sie freuen sich des Lebens. Sie ›hocken‹ dichtgedrängt bis tief in die Nacht... Gerade zur Kelterzeit herrscht in allen Gassen heller Jubel. Geige und Schifferklavier heben die Stimmung. Es wird geschunkelt. Alles macht mit, ohne Unterschied von Rang und Stand. Herz und Zunge sind gelöst. Das Reweblut vom Äppelbaam wirkt Wunder.« Davon ist heute kaum noch etwas zu spüren. Zwar klingt immer noch Musik. Aber die haut aus den Lautsprechern der Musikautomaten, daß einem Hören und Sehen vergeht und der Apfelwein vor Angst im Glase vibriert, falls er in diesen Kneipen überhaupt ausgeschenkt wird, was an sich schon schlimm genug ist. Mancher, der sich dahin verirrt, denkt mit Friedrich Stoltze im »Parre Kännche«: »Ach wärn merr widder draus!« Dribbdebach geht die Romantik unaufhaltsam den Bach hinunter.

Häufig tragen die Wirte auch selbst die Schuld am Untergang der Apfelweinkultur. Im vermeintlichen Glauben, mit der Zeit gehen zu müssen, haben sie sich von sogenannten Architekten oder irgendwelchen Raumausstattern beschwatzen lassen und die Räume auf modern umgemodelt, oder üppig erweitert und ausgebaut. Die Ergebnisse in glattem Kunststoff und nachgemachtem Schmiedehandwerk sind bedeutende Beispiele extremer Geschmacksverirrung. Synthetik-Design auf altdeutsch, zum Lachen. Die Banken haben das alles bereitwillig finanziert, haben den Wirten manchmal die Kredite regelrecht oktroyiert. Es geht sie ja auch nichts an, was mit dem Geld passiert.

Natürlich kann man mit der Zeit gehen, aber ist es dazu nötig, die alten Bäume im Hof zu fällen, um in Betonschalen Geranien zu pflanzen? Oder muß man dazu unbedingt die Balken aus der Decke brechen und sie durch Atrappen ersetzen, oder die Holzverkleidung lösen, um die Wand reinlich zu verputzen? Es ist schon ein Jammer, wie unerbittlich der Zeitgeist manchmal zuschlagen kann. Vor allem auch deshalb, weil mit dem äußeren Bild oft auch der ganze Charakter der Wirtschaft wechselt. Die Speisekarte ändert sich, sie wird fein und vornehm, und die Leute ändern sich, die werden auch feiner und vornehmer. Mit den Schlappen geht niemand mehr über die Gass in solch ein Lokal und holt sich »en Bembel fier dehaam«. Fehlt nur noch, daß sie den Apfelwein als »Baumbacher Auslese« verkaufen und im Römerglas servieren.

Wir haben selbst die Verwandlung so manches einschlägigen Lokals erlebt. Früher, noch als Schüler, gingen wir zum Dauth-Schneider nach Sachsenhausen, oder ins Fichtekränzi, wo der alte Jupp auf dem Akkordeon spielte und aus dem Leben erzählte. Auf dem Heimweg sind wir durch den Main nach »Hibbdebach« geschwommen. Das ist noch keine zwanzig Jahre her. Machen sie dieselbe Tour heute einmal, den Dauth-Schneider gibt's so nicht mehr, der hatte damals noch einen Garten. Das Fichtekränzi ist ebenfalls modernisiert worden, und vom Main wollen wir gar nicht erst reden, das wäre das traurigste Kapitel. Das sind nur zwei Beispiele, es gibt viele mehr, wie den »Hirsch« in Hausen, auch als »Rips« bekannt, oder die »Schöne Aussicht« in Bergen. Wir bitten um Entschuldigung, daß nicht alle genannt werden können, die es verdient hätten. Inzwischen ist es soweit, daß sogar das Personal deshalb Schwierigkeiten macht. Auf dem gefällig aufgeschütteten Kies statt des alten festen Lehmbodens läuft es sich nämlich sehr viel schlechter. »Kieslatscher«, wie es in der Branche abfällig heißt, will niemand mehr sein.

Die Brauereien beherrschen den Markt

Viele Apfelweinlokale, vor allem im Innenstadtbereich und Bornheim, sind ganz verschwunden. Häufig wurden die freiwerdenden Räume von den großen Brauereien belegt. Für sie sind die oft sehr günstigen Standorte der Apfelweinwirtschaften besonders interessant. Sie stoßen an die Grenzen ihres Wachstums, die Umsätze stagnieren. Sie müssen sich nach neuen Märkten umsehen, und da kommt ihnen auch jede Apfelweinwirtschaft gelegen. Apfelwein wird dann zwar auch noch geführt, aber nur noch nebenbei. Der Bierausschank muß es bringen, auch nicht das Essen. Speisen sind meistens nur eine ungeliebte Beigabe, die Arbeit macht und vom schnellen Bierkonsum abhält.

Wir haben zuvor erfahren: 1750 hatte der Rat der Stadt den Bierbrauern endlich auch den Ausschank von Apfelwein gestattet. Damals bedrängte der Apfelwein das Bier. Heute ist es umgekehrt, die Brauereien versuchen den Apfelwein hinauszudrängen, und dabei nehmen sie kaum Rücksicht auf gewachsene Strukturen, fast alle Mittel sind ihnen recht. Wer sollte sich in solch riesigen Betrieben auch für die Probleme, die dadurch entstehen, zuständig fühlen? Das Management duckt sich unter der Knute des erstrebten Umsatzwachstums. Da bleibt kein Raum für emotionale Rücksichten auf Apfelweintraditionen. Zwar haben die Frankfurter Großbrauereien vor einigen Jahren zugesagt, sie wollten nun im Schatten der »Frau Rauscher« nicht mehr expandieren. Jetzt drängen jedoch auswärtige, auch ausländische Biermarken in die Lücken.

Wenn dann ein alter Wirt aufgibt, aber das Lokal sehr wohl noch als Apfelweinwirtschaft weitergeführt werden könnte, dann fehlt es häufig auch an einem geeigneten Nachfolger. Einen guten Wirt für eine Apfelweinwirtschaft zu finden, ist heute beinahe unmöglich geworden. So ein Mann, oder eine Frau, muß Stehvermögen haben, Charakter besitzen, nicht unbedingt in kurzer Zeit schnelles Geld machen wollen (obwohl sicherlich genug hängen bleibt), muß von der Küche etwas verstehen und sich eben als besonderer Wirt fühlen, als ein Apfelweinwirt, der zum »Stöffche« eine Beziehung hat, denn Apfelwein ist nunmal kein Bier, das (fast) jeder zapfen kann.

In dieser Beziehung müssen sich die Beteiligten, die Verbände, auch die großen Keltereien, etwas einfallen lassen, wenn die Apfelweinkultur in Frankfurt nicht allmählich exotische Züge annehmen soll. An den Finanzen dürfte es nicht scheitern, für eine solide Sache, vielleicht mit Bürgschaft, geben die Banken auch Geld. Und nicht zu vergessen, Apfelwein ist trotz des Wirtshauselends »in«, wegen der Gesundheit und weil sich der Geschmack der Zeit offenbar von mehr trockenen und herben Ge-

Rustikale
Apfelwein-Werbung
(Postkarte)

tränken angezogen fühlt. Auch die Jugend trinkt begeistert Apfelwein. Wer zu bestimmten Zeiten in die einschlägigen Lokale sieht, findet die Generation unter dreißig schon fast in der Überzahl, zumindest aber gleichauf mit den alten »Geschworenen«, die das Glas als Zeichen ihrer Würde mit dem Dekkel verschließen.

Am Ende des Buches findet sich ein Verzeichnis jener Lokale in und um Frankfurt, die wir subjektiv noch für recht typische Apfelweinwirtschaften halten. Sie wurden ohne jede Wertung ausgesucht und die Liste ist auch gewiß nicht vollständig. Es lohnt sich nicht, darüber zu streiten, welche Lokale besser oder weniger gut sind und ob sie typisch oder weniger typisch erscheinen. Soll jeder dahin gehen, wo es ihm gefällt, wir gehen dahin.

Nicht immer muß Äppelwei her

Zum Schluß der Kulturdebatte soll nicht unerwähnt bleiben, daß man es mit dem Apfelwein als bekanntem Vertreter Frankfurter Bodenständigkeit gelegentlich auch übertreiben kann. Dies geschieht besonders dann, wenn Politiker glauben, ihre Volksverbundenheit vor allem durch den Genuß dieses volkstümlichen Getränks unter Beweis stellen zu müssen – ob es paßt oder nicht. Die Herren im Römer haben dafür während der letzten Jahre eine Reihe herausragender Beispiele geliefert. Dazu hat die »Frankfurter Rundschau« vor einigen Jahren einen sehr passenden Beitrag geliefert, den wir, schon weil er zum Lachen reizt, noch einmal hervorgekramt haben. Hier ist er:

Der Amerikaner lächelt höflich, läßt sich nichts anmerken und hat fortan eine schlechte Meinung vom Rheinwein. Der Franzose murmelt erschrocken »mon dieu« und sehnt sich nach einem lieblichen Burgunder. Der Russe gelobt, immer ein treuer Kommunist zu bleiben. Der Engländer bleibt Gentleman, obwohl er sich auf deutsches Bier gefreut hatte. Der Ire, froh, daß es schon am frühen Morgen Alkohol zu trinken gibt, nimmt einen kräftigen Schluck, erstarrt und greift blind zum Whisky-Flachmann in seiner Westentasche. Der Schotte blickt ihn neiderfüllt an, beschließt trotz allem, sich noch einmal einschenken zu lassen. Der Vertreter des Vatikan hält es für Gottesgabe und damit für Gotteswille und verdrängt sündige Gedanken.

Was ist eigentlich geschehen?

Wieder einmal ist eine ausländische Delegation im Römer empfangen worden und – die heilige Frankfurter Tradition will es so – mit Äbbelwei bewirtet worden.

Denn so ist das nun mal: Zu welcher Jahreszeit, Tag- und Nachtstund auch immer – Äbbelwei muß sein. Auch wenn Kaffee, Tee, Milch, Fruchtsaft, Sekt, Wein, Bier, Likör angebracht wären – nichts da! Äbbelwei muß sein. Und Brezeln. (Warum eigentlich Brezeln? Sollte doch mal einer für Handkäs mit Musik plädieren!)

Aber das ist nun mal das Schöne mit der Tradition: Sie verändert sich nicht. Und so wird denn weiterhin der Türke den Mokka, der Jugoslawe den Slibowitz und der Mexikaner die Tequilla preisen, der Holländer aus den Holzpantinen kippen, der Japaner mit zusammengezogenem Gaumen weise lächeln und der Bayer aussehen wie F. J. Strauß nach der Wahl.

Denn, um bei der Wahrheit zu bleiben: Äbbelwei ist nicht jedermanns Geschmack. Es ist außerordentlich schwer, einem Nichtfrankfurter klarzumachen, was Eingeweihte wissen, nämlich, daß das »Stöffche« erst nach dem siebten »Schoppe« schmeckt.

Un 's Kränzche ...?

»Wo's Kränzche hängt, werd ausgeschenkt.«

Weithin sichtbares Zeichen einer Apfelweinwirtschaft ist der über dem Eingang ausgehängte Kranz, Symbol des Frankfurter Wahlspruchs »lewe un lewe lasse«. Ein echter Kranz wird aus Tannengrün geflochten, die Haltbaren sind aus grün angemaltem Blech. Früher hing manchmal noch ein golden angemalter Apfel darin, ein Brauch, den man heute kaum noch antrifft. Der Kranz soll nicht zu groß und nicht zu klein sein, er soll nur den Hinweis geben, nicht protzen. Der Brauch ist, wie so vieles andere, auch aus der Weinwirtschaft übernommen worden. In Rheinhessen kennt man noch heute die sogenannten Straußenwirtschaften, bei denen ein Strauß aus Tannenzweigen, anstatt eines Kranzes dieselbe Aufgabe übernimmt.

In Frankfurt stoßen wir in den Ratsakten schon 1641 auf die erste Erwähnung eines Kranzes, damals hing er wohl noch an einer Weinwirtschaft. 1764 schließlich wird es in einer Verordnung zur Pflicht gemacht, eine Ausschankstelle für Apfelwein mit einem Kranz zu kennzeichnen. Heute gibt es diese Pflicht nicht mehr, nur noch die Tradition.

Die Apfelweinlogen

Ehe wir weiterziehen, zum »Drumherum« des Apfelweins, verdienen noch die sogenannten »Logen« eine Erwähnung, und sei es nur der geschichtlichen Vollständigkeit halber. Darüber berichtet Schad: Während des Ersten Weltkriegs war es verboten, Apfelwein zum Ausschank zu keltern. Alle Äpfel sollten zu Marmelade verarbeitet werden. Aber die »Geschworenen« wußten sich zu helfen. Um sich ihr »Stöffche« zu sichern, taten sie sich zusammen, kauften die Äpfel privat und ließen sie keltern. Sie bildeten sogenannte »Apfelweinlogen«, in denen der Apfelwein an bestimmten Abenden getrunken wurde. Fremde hatten hier keinen Zutritt, was der Name »Loge« klar macht. Manchmal hatte ein Mitglied der Loge sogar ein ganzes Lokal übernommen, das er zur Bewirtschaftung einem »Strohmann« überließ. Die reinen Apfelweinwirtschaften hatten ja praktisch keine Existenzgrundlage mehr. Die Eulenburg in Bornheim war vorübergehend in der Hand eines Logenbruders.

Die bekanntesten Apfelweinlogen waren unter anderem die Loge Sachsenhausen, die Aanserloge, die Loge »Stark im Recht«, mit dem Wahlspruch der Stadt Frankfurt, die Freitagsgesellschaft, die Hermannsloge, Frankenloge, Schillerloge und andere.

Doch es folgten nach 1918 gute Obstjahre, die Verhältnisse besserten sich, die Beschränkungen wurden aufgehoben und die Logen verloren ihre Daseinsberechtigung. Spätestens in den dreißiger Jahren hatten sie sich, mit geringen Ausnahmen, alle wieder aufgelöst. Was bleibt, ist die Erinnerung an eine recht kuriose Episode und so manches bewegte Geschichtchen aus einer bewegten Zeit.

Ein Steinbild nahe Friedrich Stoltzes Geburtshaus an der Braubachstr. 17.

Wichtiges Requisit für ungetrübten Genuß; der Deckel. Unerschöpflich die Darstellungsfreude der Motive: Wappen oder Kellerszenen in Metall, Erinnerungsmedaillen oder Spruchgut zieren das Holz. (Stadtarchiv)

Aus der Zeit der Apfelweinlogen Untersetzer mit Bezeichnung der Logenabende. Die Logen waren geschlossene Gesellschaften, die selbst zapften und für Versorgung und gleichbleibende Qualität Sorge trugen. (Stadtarchiv)

Aus schwerer Zeit: Erinnerung an die Inflationspreise im Jahr 1923, noch heute ein nicht seltener Wandschmuck in den Frankfurter Wirtschaften. (Stadtarchiv)

Über 200 Jahre alt ist diese Apfelweinpresse aus Holz, gebaut von Johannes Emmerich, 1761.

Heute eine botanische Seltenheit: der Speierlingsbaum. Die gewaltig ausladende Krone, die der Esche ähnlichen Blätterrispen und die herben Früchte lernen heute nur noch Wenige kennen. (Foto Gotta)

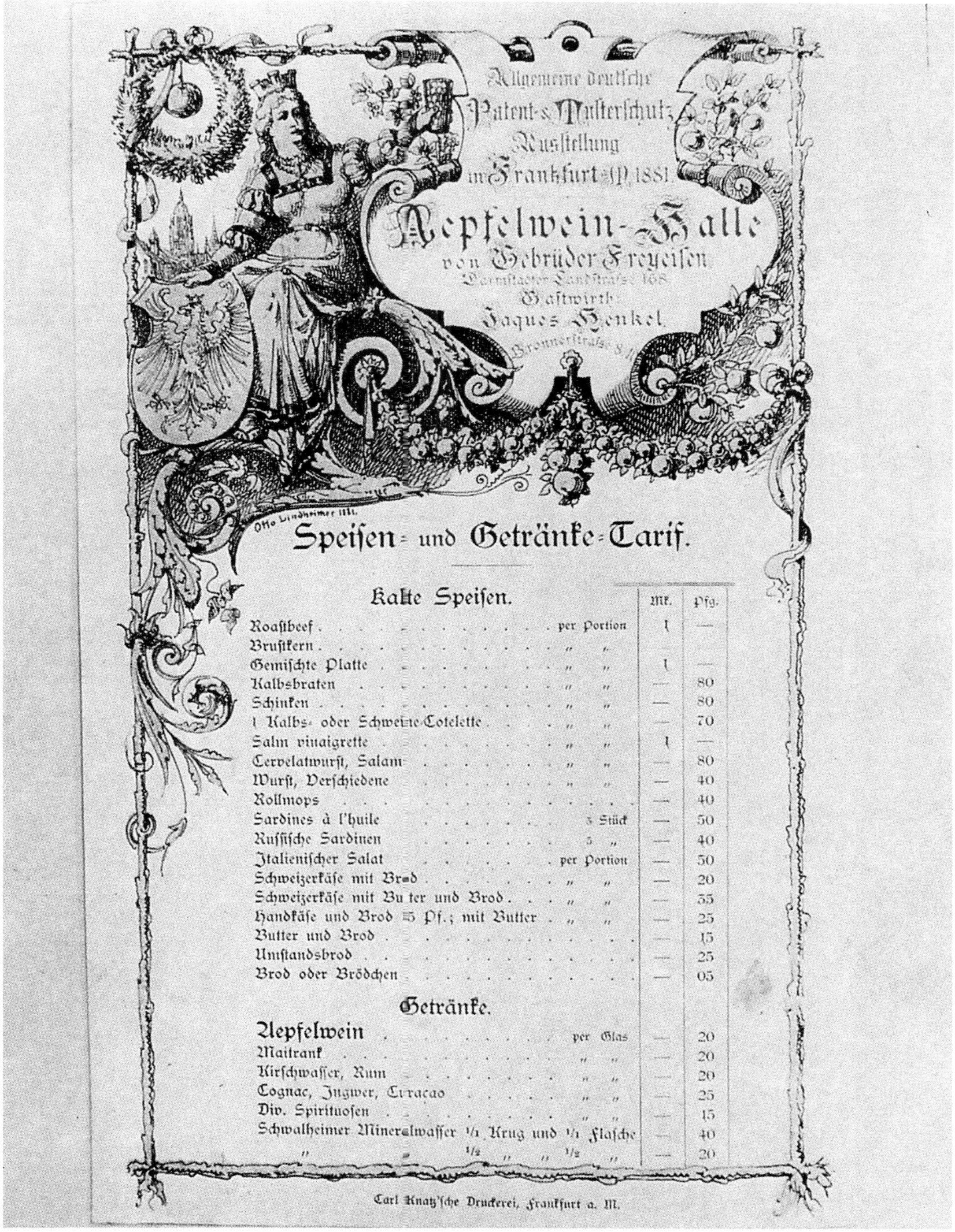

Allgemeine deutsche
Patent- & Musterschutz
Ausstellung
in Frankfurt a/M. 1881.

Aepfelwein-Halle

von Gebrüder Freyeisen
Darmstaedter Landstraße 168
Gastwirth:
Jaques Henkel
Bronnerstraße 8

Otto Lindheimer 1881.

Speisen- und Getränke-Tarif.

Kalte Speisen.

		Mk.	Pfg.
Roastbeef	per Portion	1	—
Brustkern	„ „		
Gemischte Platte	„ „	1	—
Kalbsbraten	„ „	—	80
Schinken	„ „	—	80
1 Kalbs- oder Schweine-Cotelette	„ „	—	70
Salm vinaigrette	„ „	1	—
Cervelatwurst, Salami	„ „	—	80
Wurst, Verschiedene	„ „	—	40
Rollmops		—	40
Sardines à l'huile	3 Stück	—	50
Russische Sardinen	3 „	—	40
Italienischer Salat	per Portion	—	50
Schweizerkäse mit Brod	„ „	—	20
Schweizerkäse mit Butter und Brod	„ „	—	35
Handkäse und Brod 15 Pf.; mit Butter	„ „	—	25
Butter und Brod		—	15
Umstandsbrod		—	25
Brod oder Brödchen		—	05

Getränke.

		Mk.	Pfg.
Aepfelwein	per Glas	—	20
Maitrank	„ „	—	20
Kirschwasser, Rum	„ „	—	20
Cognac, Ingwer, Curacao	„ „	—	25
Div. Spirituosen	„ „	—	15
Schwalheimer Mineralwasser 1/1 Krug und 1/1 Flasche		—	40
„ „ 1/2 „ „ 1/2 „		—	20

Carl Knatz'sche Druckerei, Frankfurt a. M.

Was dazu gehört: Mehr oder weniger ist der Bestand von altersher gleichgeblieben. Die Wirtschaft der Gebrüder Freyeisen erfreute sich mit ihrem reichhaltigen Angebot lange besten Rufes.

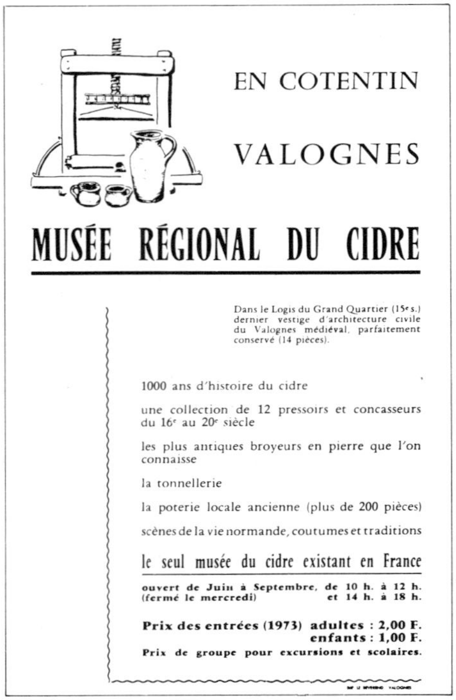

EN COTENTIN

VALOGNES

MUSÉE RÉGIONAL DU CIDRE

Dans le Logis du Grand Quartier (15e s.) dernier vestige d'architecture civile du Valognes médiéval, parfaitement conservé (14 pièces).

1000 ans d'histoire du cidre

une collection de 12 pressoirs et concasseurs du 16e au 20e siècle

les plus antiques broyeurs en pierre que l'on connaisse

la tonnellerie

la poterie locale ancienne (plus de 200 pièces)

scènes de la vie normande, coutumes et traditions

le seul musée du cidre existant en France

ouvert de Juin à Septembre, de 10 h. à 12 h.
(fermé le mercredi) et 14 h. à 18 h.

Prix des entrées (1973) adultes : 2,00 F.
enfants : 1,00 F.

Prix de groupe pour excursions et scolaires.

Auch anderswo gibt es Apfelwein – wie er auch heißen möge. Das Musée du Cidre in Valognes, Cotentin, dokumentiert tausend Jahre französischer Apfelweinkultur.

Das Drumherum – man kann auch sagen: die Kultur

Wie mer sich gibt...

Immer wieder fiel das Wort von der »Kultur«, von der »Apfelweinkultur«. Das mag hier ein hochtrabendes Wort sein, wo es doch, wie mancher meint, allein ums Trinken, oder sogar ums Saufen geht. Dazu vorab: Apfelwein trinkt man nicht, und saufen tut man ihn schon gar nicht, das machen nur die, die nichts davon verstehen. Sondern der Beginn der Prozedur wird mit einem einfachen: »Mer gehn zum Äppelwei, gehst de mit?« angekündigt. Der Akt der Flüssigkeitsaufnahme selbst wird dann bezeichnet mit Petze, Robbe oder Schlotze. H. P. Müller in seinem »Eppelweibichelche« hat noch eine ganze Reihe mehr Worte dafür gefunden.

Zurück zur Kultur, man kann es nennen, wie man will, aber um den Apfelwein haben sich in den vergangenen Jahrzehnten Sitten, Gebräuche, Traditionen, Usancen, Gewohnheiten oder sonstwas gebildet, das wir der Einfachheit halber Kultur nennen. Dazu zählen gewisse Dinge, wie Bembel und Rippenglas ebenso wie das ganze Ambiente von Leuten und Wirtschaft. Und dementsprechend sollte man sich auch verhalten. Man gibt sich mehr oder weniger so wie man ist, möglichst ohne den Nachbarn auf den Wecker zu fallen, »die hawwe nämlich selbst was zu lache«. Es darf auch ruhig mal lauter werden und man haut sich auch mal auf die Schenkel. Aber jede Ausgelassenheit findet ihre natürlichen Grenzen irgendwo vorm Nachbartisch. Umgekehrt ist oberste Verhaltensregel immer Toleranz, auch wenn sie manchmal ein bißchen strapaziert wird. Wird es gar zu »doll«, lassen sie das den Wirt besorgen.

Wer Stille sucht und in sich selbst einkehren will, sollte am Nachmittag oder frühen Abend zum Apfelwein gehen. Denn später steigt die Aufregung. Der Apfelwein regt extrem zum »Babbeln« an. À propos »Babbeln«, es ist unhöflich, einen Nicht-Frankfurter darauf aufmerksam zu machen, daß er kein Deutsch kann. Die meisten merken es im Laufe des Abends ohnehin selbst.

Wer Bier trinken will, soll in eine Bierschwemme gehen, es ist ein sehr degoutanter Anblick, wenn auf einem blank gescheuerten Apfelweintisch Bierflaschen stehen. In einer echten Apfelweinwirtschaft wird übrigens nie Bier verkauft, allenfalls Malzbier für Kinder und werdende Mütter. Es muß aber nachgewiesen werden. daß es sich wirklich um solche Personen handelt. Es spricht absolut nichts dagegen, nach dem doch recht sauren Apfelwein in einem anderen Lokal ein Bier hinterher zu spülen, einen »Absacker« zu nehmen. Auch die weintrinkenden Winzer tun das in der Regel.

Das magische Dreieck um den Apfelwein: Bembel, Glas, Deckel

Der Bembel

Das sogenannte magische Dreieck um den Apfelwein beginnt mit dem Bembel. Der Bembel, im Brockhaus steht Apfelweinkrug, ist ein dickbauchiges Keramikgefäß mit verhältnismäßig kleiner Ausschanköffnung, graublau glasiert und oft kunstvoll verziert. Wobei uns eigentlich die einfachen grauen Krüge, nicht so gleichmäßig getöpfert, mit Unebenheiten und Einkerbungen, am liebsten sind. Auf dem Bembel muß vermerkt sein, wieviel Schobben er faßt. Die Größen reichen von drei bis etwa dreißig Schobben Inhalt. Schon bei mehr als einer Person lohnt es sich, einen Bembel zu bestellen. Das ist rationeller und der Stoff geht nicht so oft aus.

Besonders verdient gemacht um die Bembelforschung hat sich der Rechtsanwalt und Landtagsabgeordnete Helmut Lenz aus Sachsenhausen. Er verweist darauf, daß der Apfelwein zwar schon spätestens seit Karl dem Großen bekannt ist, der Bembel während der vergangenen Jahrhunderte jedoch nirgends auftaucht. Obwohl die Herstellungstechnik bei dem Westerwälder salzglasierten Steinzeug schon im 17. Jahrhundert auftaucht, findet man nirgends einen Bembel, wohl Kannen, Krüge und Bierkrüge. Die Kannen der verschiedensten Formen, meist schlank und elegant, reichlich verziert mit Blumen- und Tiermotiven wurden zum Weinausschank benutzt. Andere Formen, die einem schmalen, an der Spitze abgeschnittenen Kegel ähneln, leiten sich offenbar von den früher gebräuchlichen Ölkrügen her.

Wann genau die Geburtsstunde des Bembels schlug, ist nicht bekannt. Die erste schriftliche Erwähnung, meint Lenz, stammt von Johann Jacob Fries. In der zweiten Auflage seines 1893 erschienenen Büchleins »Humoristische Memoiren eines alten Frankfurters« erscheint erstmals das Wort Bembel. Ehe jedoch etwas im Schrifttum auftaucht, ist es meistens schon längst allgemein verbreitet. Rechnen wir also grob, der Bembel sei Mitte des vergangenen Jahrhunderts »erfunden« worden.

Es war wohl auch höchste Zeit für diese Erfindung gewesen, denn er eignet sich tatsächlich vorzüglich zur Apfelweinaufbewahrung. Er ist sozusagen der klassische Fall eines Gefäßes, bei dem sich Form, Material und Funktion glänzend ergänzen. Das Steingut hält das Getränk kühl und schützt es vor Licht. Der dicke Bauch ergibt ein enormes Fassungsvermögen, was den dauernden Gang in den Keller erspart. Die Öffnung mit der Ausgußrille ist gerade so bemessen, daß wenig Aromastoffe entfleuchen können, man aber andererseits gut hineinlangen kann, um den Krug zu säubern. Ein umfangreicher Fuß verleiht ihm Standfestigkeit. Der kräftige, weitausladende Henkel schließlich erlaubt einen guten Durchgriff und entspricht in seiner Dimensionierung dem oft kiloschweren Gewicht. Ein gut angesetzter Henkel muß so austariert sein, daß man den vollen Krug beim Tragen nur mit möglichst wenig Kraft auszubalancieren braucht, damit nichts verschüttet wird.

Bliebe noch der sinnige Name Bembel zu klären, der schon allein durch seine Lautmalerei zeigt, daß er der Sache angemessen ist. Trotz seiner recht kurzen Geschichte, meint Lenz, ist der Ursprung des Namens erstaunlicherweise nicht feststellbar. Folgende Theorien der Entdeckung sind bekannt:

Der Bembel trägt seiner Dickbauchigkeit wegen den Namen zu Recht, denn er ähnelt einer Bombe. Die Endsilbe -el ist eine Verkleinerung. Bembel heißt also die kleine Bombe, der man einen Fuß und einen Ausguß gab... (Frankfurter Zeitung vom 16. Oktober 1927, zitiert aus dem Frankfurter Wörterbuch, 2. Lieferung 1972, Seite 301.)

Eine andere Vermutung geht dahin, daß sich Bembel von dem in Frankfurt bekannten Tätigkeitswort »bambeln« ableitet. »Das bambelt...«, sagt man und meint damit, daß ein Gegenstand an einer Schnur unregelmäßig hin- und herschwingt. Irgendwann muß der Bembel also mal gebambelt haben. Denkbar wäre, daß er im Schankgestell, das ihn beim Ausschank stützt, hin- und herschwang. Oder aber auch unter den Pferdewagen der Bauern, wo sie ihn festbanden, wenn sie aufs Feld oder auf den Markt zogen. Wenig glaubhaft ist, daß die Bembel früher an Stricken von der Decke baumelten, welchen Sinn sollte das gehabt haben? Vielleicht wurden sie zum Austrocknen aufgehängt, damit sie nicht umfielen.

Schließlich kommen auch noch die Lateiner zu Wort. Der Frankfurter Mundartforscher H. Heckmann verweist auf das lateinische Wort »pampinus«, die Rebe. So nannten im 17. Jahrhundert Studenten das Gefäß, aus dem sie tranken, »Pampel«. Daraus könnte Bembel geworden sein. Sicher gibt es noch mehr Erklärungen. Nehmen Sie halt die, die ihnen am besten gefällt, den Gegenbeweis kann vorläufig noch niemand antreten.

Das gerippte Glas

Fast noch typischer für das Apfelweintrinken als der Bembel, ist das sogenannte Rippenglas. Ausgeschenkt wird Apfelwein auch aus anderen Behältern, das läßt sich oft gar nicht vermeiden, bei Flaschenabfüllung zum Beispiel. Aber kein vernünftiger Mensch wird auf die Idee kommen, ihn aus etwas anderem zu trinken, denn aus einem »Rippeglas«. Das Rippenglas mit seiner geradlinigen, zweckmäßigen Form steht fest auf dem Tisch und verfügt über ein angemessenes Fassungsvermögen. Einziger Zierat sind die etwa ein Viertel unter dem Rand beginnenden »Rippen« mit ihrem gleichmäßig umlaufenden Rautenmuster. In dieser Form ist es ausgesprochen praktisch zu handhaben, die Rippen sorgen für einen guten Griff.

Wie sich das Rippenglas entwickelt hat, liegt im Dunkel. Es gibt so gut wie keinerlei Hinweise aus älteren Quellen. Die zahlreich erschienene Literatur über die Geschichte und Herstellung von Gläsern schweigt dazu. Wahrscheinlich ist es hierzulande, im engeren Raum um Frankfurt, entstanden, als ein handliches Gebrauchsgeschirr der einfachen Leute. Zur Entwicklung der zweckmäßigen Form hat es ja auch kaum viel Phantasie bedurft, sie lag sozusagen auf der Hand. Grundform war wohl der Becher, wie man ihn als konischen oder zylindrischen Körper noch heute beim Ton- oder Zinngeschirr antrifft.

Rätselhaft ist vor allem, woher die Rippen stammen. Daß sie das Glas griffig machen und ein Abrutschen verhindern, ergibt sich von selbst, aber dafür hätten sich der oder die unbekannten Erfinder auch ein anderes Muster einfallen lassen können – waagrechte Rillen oder dergleichen. Wahrscheinlich ist, daß die Rippen mit dem Stoff selbst etwas zu tun haben. Durch die plastische Riffelung entsteht ein gewisser Glitzereffekt. Das Hell und Dunkel des gebrochenen Lichtes verleiht dem eher trüben Wein ein gewisses appetitliches Funkeln. Weil der Stoff früher noch trüber war, gaukelte das funkelnde Glas mehr Reintönigkeit vor. Da der Apfelwein nach einer gewissen Zeit, wenn die natürlichen Kohlesäureperlen entwichen sind, sehr still, sagen wir ruhig müde, im Glas steht, verändern die Rippen sein Aussehen ungemein zum Vorteilhaften. Apfelwein in einem glatten Glas wirkt dazu im Vergleich sehr viel weniger anziehend. Im Rippenglas macht er einfach mehr her.

Als gängige Größe hat sich der 0,3-Liter-Inhalt eingebürgert. In den echten Apfelweinlokalen haben die Gläser immer dieses Volumen. Es gibt auch 0,25-Liter-Gläser, aber die gelten nicht als originale Schoppengläser. Früher maß ein Schoppen etwa 0,45 Liter.

Die Gläser kommen heute fast durchweg aus dem Kannenbäckerland und wurden völlig standardisiert. Das flüssige Glas wird einfach in eine Form gepreßt. Bei der Wanddicke gibt es noch leichte Unterschiede. Sie soll nicht zu gering sein, weil das Glas, zum Beispiel beim Spülen oder auch beim Ineinanderstellen, zu leicht bricht, andererseits darf die Wandung nicht zu dick sein, da es sonst zu schwer wird. Sammler machen heute bevorzugt in den hessischen Bauernschenken rund um Frankfurt Jagd auf alte Gläser. Die alten Schoppengläser zeigen noch recht unterschiedliche Merkmale. Meistens ist die Wandung dicker, die Rauten sind mal stärker, mal schwächer ausgeprägt, bei manchen ist der Boden außen tiefer eingekehlt, oder sogar als regelrechter Standring ausgeschliffen. Doch die Wirte passen heute meistens schon genau auf, daß kein altes Glas verschwindet oder ausgetauscht wird, falls sie die seltenen Stücke überhaupt noch ausgeben.

Manche trinken auch aus verzierten Gläsern mit Goldrand, bunten Wappen oder dem aufgebrannten Namen. Wir meinen, das ist schon fast zuviel des Guten. Denn seine Individualität, Originalität oder einfach die persönliche Note zeigt der echte »Geschworene« vor allem mit seinem Deckel.

Der Deckel

Bleibt als letzter Punkt des magischen Dreiecks der Deckel. Um es vorweg zu nehmen, auch über seine Entstehung läßt sich nichts Genaues sagen. Im älteren Schrifttum wird er totgeschwiegen. Es muß ihn aber schon an die hundert Jahre geben, denn es gibt Deckel, die aus dieser Zeit bis heute vererbt wurden, jedenfalls behaupten das die Besitzer. Dasein und Sosein des Deckels, seine Ontologie oder auch die Lehre von seinem Seinsgrund, läßt sich offenbar nur aus seiner Funktion, seiner Aufgabe, entwikkeln: Der Deckel deckt zu, nicht mehr und nicht weniger. Doch zu welchem Zweck? Die Deckelforschung hat drei Gründe herausgearbeitet. Wir führen sie in der Reihenfolge ihrer Plausibilität an, wobei für die erste und zweite Begründung am wenigsten spricht, für die dritte etwas mehr.

1. Der Deckel hält das Aroma. Er schließt ab, um zu verhindern, daß all die feinen Aromastoffe im Stöffche verduften. Umgekehrt, so die Theorie, könnten sich in den feinen Wein in schlecht gelüfteten und verrauchten Wirtsräumen auch fremde Duftstoffe einschleichen, dies verhindere der Deckel ebenfalls. Dagegen spricht: So empfindlich ist der Stoff keinesfalls. Und außerdem soll er nicht stundenlang im Glas stehen, sondern zügig weggetrunken werden.

2. Der Deckel dient der Hygiene. Helmut Lenz erklärt das so: Zum Apfelwein gehört die Unter-

haltung. Die bis in die zwanziger Jahre üblichen Zahnlücken führten, insbesondere zu vorgerückter Stunde, zu einer feuchten Aussprache. Davon sei auch der im offenen Glas befindliche Apfelwein nicht verschont geblieben. Diese, durchaus schlüssige Erklärung hält er jedoch nicht für so entscheidend, weil praktisch alle Leute früher oder später Zahnlücken aufwiesen und deshalb wohl nicht so empfindlich waren, wie wir heute. Außerdem war es nicht üblich, das Wein- oder Bierglas in der Gastwirtschaft abzudecken.

3. Der Deckel schirmt das Glas gegen das Eindringen fremder Partikel oder Lebewesen ab. Apfelwein wurde früher in den Heckenwirtschaften besonders gern im Freien unter Bäumen getrunken. Dabei konnte schon mal dies und das, ein Blättlein oder Hölzlein herabtrudeln und ins Glas fallen. Oder allerlei Getier wie Käfer, Fliegen, Räupchen, angezogen vom lieblich feuchten Duft, versuchen in den lockenden kleinen Teich zu krabbeln. Der Deckel schützte also die Reinheit des Getränks vor allen tierischen und pflanzlichen Eindringlingen. Eine Erklärung, die jeden überzeugt, der einmal im Sommer oder Herbst unter einem Kastanienbaum vor einem Glas Apfelwein saß.

Warum aber, werden nun kritische Geister fragen, wird dann der Deckel auch in geschlossenen Räumen benutzt. Antwort: Es ist halt so. Das gehört zum Zeremoniell. Der Deckel ist Insignie der Würde eines jeden echten »Geschworenen«. Unter den Augen des ganzen Tisches wird er umständlich hervorgekramt und mit Bedacht aufgelegt. Und mit ebenso viel Bedacht wird er wieder abgenommen und wieder aufgelegt, und so fort, den ganzen Abend. Das Ritual bringt Ruhe und Rhythmus ins Geschehen.

Der Deckel wird in der Regel aus leicht bearbeitbarem Holz gedrechselt. Manche behaupten, es müßte Holz vom Apfelbaum sein; es muß es aber nicht. Der Querschnitt entspricht dem eines ganz flachen Pilzes. Der Stumpf des Pilzes ragt etwa 3 Millimeter ins Glas hinein, damit der Deckel nicht vom Glas herunterrutscht. Der untere Rand des Pilzhutes ragt etwa einen Zentimeter über den Glasrand hinaus, der Durchmesser beträgt etwa 8,5 Zentimeter und die Gesamthöhe ebenfalls etwa einen Zentimeter.

Bedeutend wird der Deckel erst durch den im Hut eingelegten Schmuck. Das können runde Plaketten mit Abbildungen und Sprüchen sein, oder Medaillen mit Köpfen oder Wappentieren oder einfach nur ein Wachssiegel mit den eingestanzten Anfangsbuchstaben des Besitzers. Der Phantasie sind keine Grenzen gesetzt, es sei denn geschmackliche: Es muß nicht unbedingt der Kopf des ehemaligen Führers darauf verewigt sein, wie es einmal bei einem, uns unter dem Tisch vorgezeigten Deckel der Fall war. Als ein Amerikaner nebenan 100 Dollar dafür bot, wurde er abschlägig beschieden. Manchem ist sogar das noch etwas wert.

Die Deckel werden heute in einigen kleinen Schreinereien, vor allem in Sachsenhausen, hergestellt. Auch auf dem Flohmarkt am Eisernen Steg kann man hin und wieder welche kaufen. Es gibt leidenschaftliche Sammler, die für gewisse Stücke horrende Beträge zahlen. Die höchste Auszeichnung aber ist es, wenn man einen Deckel geschenkt bekommt, womöglich von einem Wirt, der einem zugetan ist. Damit hat man eigentlich alles erreicht, was im Leben zu erreichen sich lohnt.

Wie man ihn trinkt, pur, gespritzt oder...!

Am besten schmeckt Apfelwein pur. Wer ihn etwas milder, mit weniger vordergründiger Säure liebt, trinkt ihn gespritzt, das heißt mit einem Schuß Mineralwasser. Es sollte wirklich nur ein Schuß sein und es darf auf keinen Fall nur einfaches Wasser sein. Der Schobbe darf nicht getauft werden, womöglich mit Leitungswasser, er verliert dann deutlich an Geschmack und wird fad und labberig. Stoltze hat das so gesagt:

> »Weil der Eppelwei als su e allgemaa Wuhldath for die ganz Menschheit zu betrachten is, – so derf err unner kannerlaa Umstänn die Nassauer Daaf erhalte.«

Und weiter:

> »Der Eppelwei kann zer jede Dagszeit getrunke wern.
> Marr kann en aach zu jeder Stunn der Nacht trinke.«

Eine geradezu wunderbewirkende Variation ist heißer Apfelwein in der kalten Jahreszeit. Der »Haaße« hilft gegen alles, Schnupfen, Rheuma und Trübseligkeit. Bei der Zubereitung in einem Topf oder einer Kanne darf er nicht kochen, sonst verliert er das Aroma und wichtige der Gesundheit dienende Spurenelemente. Die Zutaten kann jeder selbst bestimmen. In der Regel gibt man im Topf Zimtstangen dazu. Mit ein, zwei Lorbeerblättern, einigen Gewürznelken und tropfenweise Zitronensaft bekommt er würzige Wucht. Den Zucker dosiert man erst im Glas nach Belieben.

Eines ist beim Apfelwein unmöglich und »eine Sünde wider den heiligen Geist«: Das Mischen mit süßer Limonade. Limonade hat im Apfelwein nichts zu suchen, schon weil sie meistens mit der Chemie Berührung hatte. Wem er anfangs zu sauer ist, muß halt üben. Auch uns schmeckt er manchmal nach dem zweiten oder dritten Schoppen erst so richtig; falls dies für jemand Trost und Aufmunterung sein kann.

Un was esse mer dezu?

Handkäs mit . . .

Mit dem »Dorscht« kommt auch der Hunger. Und wer Hunger hat, bestellt sich einen »Handkäs«; von Alteingesessenen rüde auch »Mansardenschnitzel« genannt. Offenbar weil die Ärmeren, die in einer Mansarde wohnen und sich kein richtiges Schnitzel leisten können, ihn statt dessen verzehren. Handkäse, mit und ohne »Musik«, ist neben dem Rippchen mit Kraut und der weithin gerühmten Grünen Soße (Grieh Soß) das Frankfurter Nationalgericht. In Verbindung mit Apfelwein erscheint er uns das passendste Gericht überhaupt zu sein, Wein und Käse, das gehört zusammen. Ein Rippchen schmeckt auch zum Bier.

Die Lehre vom Handkäs ist fast so umfangreich wie die von Bembel, Glas und Deckel zusammengenommen. Nähern wir uns erst einmal vorsichtig seiner Zusammensetzung und Herstellung. Er besteht aus frischem Quark mit Salz, den man hat reifen lassen. Wer ihn nach einem alten Wetterauer Rezept einmal selbst herstellen will, für den ist die nachfolgende Anleitung abgedruckt. Sie wurde dem von Ilse Unruh geschriebenen Band »Das Kochbuch aus Hessen« entnommen:

> Saure Milch ohne Rahm bis zu 40 Grad erwärmen, in einen leinenen Beutel schütten, aufhängen und die Molke ablaufen lassen. Ist die Matte abgetrocknet, wird sie nach Gutdünken mit Salz und Kümmel gewürzt, recht zart geknetet und zu runden Käsen geformt. Die Käse werden im Schatten getrocknet, ab und zu mit schwarzem Kaffee abgerieben und täglich umgedreht. Dann legt man sie in Steintöpfe. Sobald sie mit Schimmel überzogen sind, schabt man sie ab und wäscht sie mit Molke oder leichtem Salzwasser. Fangen sie an, reif zu werden, wickelt man sie in Lappen und stellt sie an einen kühlen, feuchten Ort.

Auch der meiste »normale«, weniger aufwendig fabrizierte Handkäse, wie man ihn in den Gasthäusern bekommt, stammt aus Betrieben in der Wetterau. In anderen Landstrichen kennt man diese Käseart auch als »Mainzer« oder »Harzer«. Der Frankfurter »Handkäs« hat die Form eines runden, flachen Zylinders mit knapp handtellergroßem Umfang. Hervorragende Eigenschaft einer solchen Käserolle besonders in der heutigen Zeit ist: sie hat nur wenig Kalorien. 100 Gramm Handkäse enthalten 38 Gramm leichtverdauliches tierisches Eiweiß und nur höchstens 10 Prozent Fett, so daß ein »Normalkäse« mit etwa 60 Gramm Gewicht es gerade auf rund 100 Kalorien bringt. Allerdings ohne Musik, denn die bringt selbst noch etwas mit. Für eine ganze Portion weist die Kalorientabelle gut 200 Kalorien aus.

Das wichtigste am Handkäse ist: er soll »durch« sein, das heißt, innen darf kein weißer Quark mehr zu sehen sein. Liebhaber legen ihn zum Durchziehen über Nacht in einen Steintopf, dessen Grund mit einer Marinade aus Essig und Öl bedeckt ist. Achtung: Die Geruchsentwicklung ist enorm. Zur Frage des »Durchseins« wurde kürzlich folgendes Zwiegespräch belauscht. Wirt: »Unser Wertschaft besteht schon seit siebzisch Jahr'!« Gast: »Awwer Ihne Ihrn Handkäs is noch net richtisch dorrsch!«

... Mussick ...

Was ist nun die »Musik« (gesprochen: Mussick)? Gemeinhin versteht man darunter eine Marinade mit kleingehackten Zwiebeln. Der »Trick« dabei ist, die frisch recht harten Zwiebeln müssen vor dem Servieren schon eine Weile in der Essig- und Öl-Soße gelegen haben, damit sie weicher werden und auch etwas ihre Geschmacksintensität verlieren, die Zwiebel also nicht direkt nach dem Schneiden verwerten! Die Soße kann leicht gepfeffert werden. Man kann Käse und Marinade getrennt servieren, jeder nimmt sich dann aus einem Steintöpfchen soviel »Sößche« auf den Teller, wie er braucht. In den meisten Gaststätten liegt der Käse jedoch bereits auf dem Teller in der Marinade. Einige verstreute Kümmelkörner verbessern die Würze. Wer dem Auge etwas gönnen will, darf zudem ein bißchen roten Paprika darüber streuen, aber das widerspricht schon fast der Sitte. Als Zugabe gibt es Schwarzbrot mit Butter.

Warum die »Musik« Musik heißt, darüber hat sich schon so mancher den Kopf zerbrochen. Es existieren wiederum mehrere Theorien. Die wohl am meisten verbreitete, deshalb aber keineswegs bewiesene Hypothese stützt sich auf die Verarbeitung der Zwiebeln in den Verdauungsorganen und die daraus entstehenden Folgen. Dagegen führt jedoch der Abgeordnete Lenz ins Feld, daß die »Musik« bis zum Ersten Weltkrieg nachweisbar nur aus Kümmel, Pfeffer und Essig bestand. In Literaturhinweisen nach 1918 fehlt der Pfeffer, dafür treten Öl und Zwiebel auf. Der Pfeffer als exotisches Gewürz war wegen der Kriegsblockade knapp und teuer geworden und wurde auch später nicht mehr billig. Also hat die Musik wohl eher etwas mit dem Kümmel und Pfeffer zu tun, als mit den Zwiebeln.

Lenz tippt auf den Pfeffer als Urheber der Musik. Er meint, das exotische und teure Gewürz sei wohl selten in diesen Mengen für ein so einfaches Gericht benutzt worden. Deshalb bilde der Pfeffer auf dem Handkäse sozusagen die Krönung des Geschmacks, das sei der »Pfiff« gewesen. Noch heute wird für die pikante Spitze eines Essens bisweilen der Ausdruck benutzt, »da ist Pfeffer« oder »da ist Musik drin«. Zwar eine nur semantische Erklärung, von der Wortbedeutung her, die aber durchaus etwas für sich hat.

... Un ohne Gawwel

Genausowenig, wie in einem echten Apfelweinlokal Bier ausgeschenkt wird, bekommt man zum Handkäs eine Gabel. Als Besteck dient nur das Messer. Wer etepetete ist, kann sich natürlich auch einen »Zinken« als Hilfsgerät bringen lassen, weist sich damit aber als Banause aus und muß auf scheele Blicke der Nachbarn gefaßt sein. »Handkäs« verspeist man nämlich nicht, sondern man ißt ihn einfach.

Also, wie wird's gemacht? Natürlich hat jeder seine individuelle Technik, aber im Prinzip ist die Vorgehensweise so: Erst wird die Butter aufs Brot gestrichen. Dann schneidet man eine Ecke, »en Happe«, Käse ab, den man vorsichtig auf der voraussichtlichen Bißstelle des Brotes plaziert. Noch vorsichtiger häufelt man dann mit der Messerspitze die gewünschte Menge Zwiebelmarinade dazu. Es braucht schon einige Übung und Geschicklichkeit, damit die Komposition nicht herunterfällt, in die

Soße klatscht und das Hemd bespritzt. Manche beißen auch einfach ins Brot und schicken Käse und Zwiebeln direkt vom Messer hinterher. Das ist zwar nicht sehr fein und auch nicht stilecht, aber ganz bequem: so mache mir's. Eine weitere Kunst besteht in der Optimierung. Es darf weder Brot noch Käse alleine übrig bleiben. König ist, wer mit dem letzten Bissen Brot auch den letzten Krümel Käse vertilgt.

Den Handkäs nur mit dem Messer zu essen, ist offenbar eine alte, bis heute beibehaltene Gewohnheit. Sie weist darauf hin, daß der »Handkäs«, früher auch unter den Namen »Schusterjunge« oder »Schneiderkottlet« bekannt, das Essen der einfachen Leute war. Handwerker und Bauern brachten sich Brot, Wurst und Käse zur Arbeit mit, zückten ihre Messer und schnitten sich mundgerechte Stücke zurecht. So wie man es auch heute noch auf dem Bau oder beim Jausen auf dem Land beobachten kann.

Eines ist verpönt, auch wenn es hin und wieder mit Begeisterung praktiziert wird. Es gibt Spezialisten, die zerteilen den Käse in der Marinade in kleine Würfel, mache's dorchenanner, und lassen das Gemisch einige Minuten ziehen. Dann erst bringen sie das Ganze Biß für Biß aufs Brot. Aber eigentlich darf das zu Recht nur mein Freund Wolfgang Saalfeld, weil er ein waschechter Frankfurter ist, »un waaß, wie's richtisch geht«. Er hat das Verfahren von einem Ur-Altsachsenhäuser gelernt. Und vielleicht hatte der ja auch recht mit seiner Behauptung, nur so komme das Aroma voll zur Entfaltung, waaß mer's? Aber so oder so, über genügend Aroma verfügen Käse und Musik auf jeden Fall. Wer hinterher noch etwas vor hat, sei gewarnt.

Was es sonst noch gibt: Gebackenes

Weck, mit Kümmel und ohne, Brezel, Mohnzopf, auch »Mohndaatscher« genannt, Kümmel- und Salzstange; Hartekuchen, all das bringt der Brezelmann, der Brezelbub oder die Brezelfraa im Laufe des Abends im Korb frisch vorbei. Zugreifen, der Apfelwein wird noch bekömmlicher.

Wer warm essen will, dem bieten die Speisekarten der einschlägigen Lokale die apfelweinadäquaten, deftigen Gerichte, Rippchen, Haspel, Leiterchen, und so fort, alles mit Kraut. Wir wollen nicht näher darauf eingehen, denn das Buch soll schließlich nicht zum Kochbuch werden. Es gibt ausgezeichnete Rezeptbücher der Frankfurter Küche im Buchhandel, darunter H. P. Müllers »Frankfurter Küch und Sprüch« und das schon erwähnte »Das Kochbuch aus Hessen« von Ilse Unruh. Wir haben lediglich am Ende des Buches einige Rezepte notiert, die immer die Verwendung von Apfelwein einschließen.

Der Apfelwein und die Gesundheit

Zur Psychologie

Wer im Zusammenhang mit alkoholischen Getränken von Gesundheit redet, erntet zumeist ein mehr oder weniger nachsichtiges Lächeln. »Na ja«, denken dann die anderen, »der sucht halt einen Grund zum Trinken.« Richtig, ihr Zweifler, wir trinken Apfelwein, auch weil er nachweislich gesund ist. Unter allen alkoholischen Getränken dürfte das Stöffche wohl zu den Bekömmlichsten zählen; in Maßen genossen, versteht sich. Wer ihn mißbräuchlich einsetzt, muß, wie überall, mit der entsprechenden Quittung rechnen. »Modus est in rebus«, sagt der Lateiner, ein Maß ist in den Dingen. Wo gilt dieser Satz mehr als beim Trinken?

Die gesundheitsfördernde Wirkung des Apfelweins wird von der medizinischen Literatur durchweg und vorbehaltlos anerkannt. Wer trotzdem daran zweifelt, kann sich per Augenschein auch selbst davon überzeugen. Vor allem während der Dämmerzeit hocken in den einschlägigen Lokalen in und um Frankfurt Tausende eingeschworener Apfelweintrinker, die ihr Leben lang regelmäßig jeden Tag ihre vier bis sechs oder acht Schoppen gepetzt haben. Und sie alle haben das Pensionsalter längst überschritten.

Allein am Apfelwein kann das aber wohl nicht liegen, werden nun dieselben Zweifler einwenden. Und wahrscheinlich haben sie damit recht. Allein das Stöffche macht es sicherlich nicht, allenfalls hilft es bei einem gesunden Leben – in gewissem Maße. Offenbar ist es nämlich so, daß Apfelweintrinker auch eine ganz bestimmte Sorte Mensch vertreten. Sie sind innerlich gelassen, vielleicht ein bißchen weltabgewandt, mehr zur Stille, denn zu lauter Hektik neigend. Irgendwann finden solche Menschen ganz von selbst zum Apfelwein als einem Getränk, das zu ihrem Wesen am besten paßt. Allmählich

Ein ideales Mittel zur Gesunderhaltung Ihrer Zähne

entwickelt sich zwischen Mensch und Getränk eine Wechselbeziehung, aus der sich über lange Jahre dann eine ganz bestimmte Lebensart entwickelt. Geist und Körper finden zu einem Rhythmus von Ruhe und Ausgeglichenheit, der sicher nicht ohne Einfluß auf die Gesundheit bleibt. Das ruhige Ritual des Trinkens, das gesetzte Drumherum der jahrhundertealten Apfelweintradition sind äußere Zeichen der inneren Haltung.

Manchen Verhaltensweisen widersetzt sich der Apfelwein schon von Natur aus. Wir haben noch nie erlebt, daß jemand selbst beim größten Durst ein Glas Apfelwein in einem Zug vollends hinunterstürzte, wie das beim Bier ohne weiteres der Fall ist. Denn ein frisch gespritzter, kühler Apfelwein löscht mit seiner prickelnden Säuerlichkeit den ärgsten Brand schon nach wenigen Schlucken. Für Gewaltakte des Trinkens ist er gänzlich ungeeignet. Stellen Sie sich einmal vor, man würde Apfelwein wie Bier aus sogenannten Stiefeln trinken, unvorstellbar. Im Apfelwein liegt Ruhe. Ruhig steht er im Glas, ruhig und gelassen will er getrunken werden. Er drängt sich nicht in den Vordergrund einer Tischrunde wie der Wein, um den sich dann meistens auch die Gespräche drehen. Er will aber auch nicht zum anonymen Durstlöscher degradiert werden, wie das meistens beim Bier der Fall ist. Er will in seiner unverwechselbaren Eigenart gewürdigt werden, als ein bescheidener Unterhalter, der die Kommunikation zwar fördert, sie aber nicht beherrscht.

Und noch etwas: Den meisten Geschmäckern erschließt sich der Apfelwein keineswegs auf Anhieb. Man muß seinem säuerlichen Charme schon über längere Zeit hinweg besonnen nachspüren. Gelegenheitskonsumenten müssen sich in der Regel immer wieder erst aufs neue an ihn gewöhnen. Eines Tages aber stellt auch unter ihnen mancher überrascht fest: Nichts anderes mehr rinnt so wohltuend die Kehle hinab, als Apfelwein. Andere allerdings, auch wenn sie sogar Bereitschaft dazu zeigen, schaffen es nie. Sie sollen sich nicht grämen, denn jeder trinkt das Getränk, das er verdient. Wir trinken »Äppelwei«.

Medizinisch betrachtet

Nach dieser psychologischen Abschweifung nun aber zur ernsthaften medizinischen Betrachtung des Stöffchens. Wir zitieren einen Beitrag von Dr. med. Oscar Hammer aus der »Bad Nauheimer Kurzeitung«, Nr. 7/1974. Hammer, Facharzt für innere Krankheiten und Lungenfacharzt, hat seine Erkenntnisse über die gesundheitlichen Auswirkungen des Apfelweinkonsums in einer umfangreichen Versuchsreihe auch empirisch nachgewiesen.

Doch zunächst einige allgemeine Vorbemerkungen zu den medizinischen Aspekten: Ein Glas (0,25 Liter) Frankfurter Apfelwein einer bekannten Kelterei (wir beziehen uns im folgenden auf das Getränk einer Großkelterei wegen seiner mehr standardisierten Eigenschaften) enthält 84,5 Kalorien. In derselben Menge Weißwein sind 152 Kalorien, in Exportbier 112, in Apfelsaft 120, in Rotwein 173 und in Sekt 226 Kalorien enthalten. Der Apfelwein gilt als ein Getränk, das nicht müde macht, sondern den Kreislauf und das Nervensystem anregt. In ihm sind organische Fruchtsäuren, Mineralien, Zucker, Aromastoff und etwa 5,5 Volumenprozent Alkohol gebunden. Die beste Trinktemperatur liegt bei etwa 12 Grad Celsius.

Eine medizinisch-wissenschaftliche Bestandsaufnahme des Apfelweins ergibt theoretisch folgende positiven Wirkungen:

1. Anregung der Verdauungsdrüsen und damit der Verdauung.
2. Verbesserung der Magendurchblutung.
3. Bei älteren Menschen liegt oft ein Salzsäuremangel (Einschränkung bis Fehlen) vor, der durch Apfelwein ausgeglichen (kompensiert) wird.
4. Der Alkohol im Apfelwein wirkt zusammen mit Salzsäure bakterizid und beugt ansteckenden Magen- und Darmkrankheiten vor (Prophylaxe). Die Entwicklung von krankmachenden (pathogenen) Bakterien wird gehemmt und Bakterien abgetötet. Bei Darminfektionen wie Typhus, Ruhr, Paratyphus, Cholera und Coli-Infektionen im Bereich des Nierenbeckens, Harnblase und Gallenblase wirkt der Wein bakterizid. Auch im Fleisch verkapselte Trichinellen werden aufgelöst und abgetötet.
5. Nebenwirkungen von Digitalis werden ausgeglichen.
6. Der Blutspiegel von therapeutisch angewandten Antibiotica (Penizillin) wird länger hochgehalten.
7. Die Atmung wird vertieft und das Atemminutenvolumen erhöht.
8. Eine Lösung des Bronchialkrampfes (Bronchialspasmus) bei asthmatischen Zuständen wird beobachtet.
9. Heißer Apfelwein mit Zimt, Zucker und Zitronensaft ist wirkungsvoll bei grippalem Infekt, Bronchitis und Erkältungskrankheiten.
10. Eine Durchblutungsverbesserung des Herzmuskels (Herzkranzgefäße) und eine Beruhigung der Psyche (Spannungen) wird beobachtet, so daß Beschwerden im Sinne einer Angina pectoris gebessert werden können. Auch die schmerzstillende Komponente des Weines spielt hierbei eine günstige Rolle.
11. Apfelwein wirkt bei der Hochdruckkrankheit blutdrucksenkend und blutdruckstabilisierend.
12. Besonders Apfelwein in niedriger Dosierung verhindert im Blut die Zusammenballung von Fetttröpfchen, die durch Fettstoffe (Cholesterin, β-Lipoproteine, Neutralfette bzw. Triglyzeride) aufgebaut werden, und senkt den Blutfettspiegel.
13. Apfelwein regt die Flüssigkeitsausscheidung mit Abfluß der Stoffwechselschlacken an (Diurese).
14. Apfelwein fängt traurige Stimmungslagen ab und wirkt einer Kontaktarmut entgegen.
15. Ein Glas Apfelwein am Abend fördert die Schlafbereitschaft.
16. Psycho-vegetative Syndrome (vegetative Dystonie, Neurasthenie, vegetative Labilität, Spannungszustände, Nervosität) werden gelöst oder gebessert.
17. Eine Aktivierung der gefäßerweiternden Wirkung könnte über die Verbesserung der Herzkranzgefäßdurchblutung (Coronardurchblutung) das Herz- und Kreislaufsystem unterstützen.
18. Subjektiv wertvoll empfindet der ältere Mensch als Senior die Verbesserung der Gehirndurchblutung, durch die er in seiner geistigen Aktivität gefördert wird. Das bedeutet für viele eine Verzögerung des Alterungsprozesses und eine erträglichere Gestaltung desselben. Manche depressiven Neigungen und Kontaktarmut können aufgefangen werden.

Hammer hat nun innerhalb von 2 Jahren bei 200 Kurpatienten mit unterschiedlichen Trinkgewohnheiten (Bier, Apfelwein) den Blutfettspiegel auf pathologische Differenzen untersucht. Es handelte sich um 61jährige aus dem Frankfurter Raum mit annähernd gleicher Konstitution als Summe der anatomischen und physiologischen Eigenschaften des einzelnen Organismus und Habitus als äußere Erscheinung, Haltung und Körperbeschaffenheit und annähernd gleichen Eßgewohnheiten und gleicher Vorliebe und Verträglichkeit für Rippchen mit Kraut, Fleischwurst, Rindswurst, Blut- und Leberwurst, Rumpsteak, Handkäse, Buttermilch, Joghurt, Butter, Kuchen, Kartoffelsalat, dunkles Brot, Gewürze.

Die Untersuchungsergebnisse gibt folgende Tabelle wieder:

	Abweichung vom Normalgewicht in %				
	Normalgewicht	bis 10%	bis 20%	bis 30%	bis 40%
Biertrinker	7	24	57	10	2
Apfelweintrinker	79	11	9	1	0

Normalgewicht	=	Körpergröße minus 100 in Kilogramm
Idealgewicht	=	Normalgewicht minus 10%
Übergewicht	=	bis 20% über dem oberen Grenzwert der Idealgewichtsspanne
Fettsucht (Adipositas)	=	mehr als 20% über dem oberen Grenzwert der Idealgewichtsspanne

Fettstoffe im Blut	Normalwerte	Mittelwerte bei Biertrinkern	Mittelwerte bei Apfelweintrinkern
Cholesterin	200 + Lebensalter in mg% (261 mg%, höchstens bis 290 mg%)	298 mg%	233 mg%

Die Ergebnisse zeigen, schreibt Hammer, daß Apfelwein in der Lage sein kann, ein Übergewicht bzw. eine Fettsucht zu verhindern und die Blutfette auf einem normalen Niveau zu halten, woraus sich eine antiadipöse und anti-atherosklerotische Wirkung des Apfelweines ohne Zwang ableiten lassen dürfte.

Böse Nachrede

Trotz der vielfältig nachgewiesenen positiven Einflüsse des Apfelweins auf Geist und Körper gibt es immer wieder boshafte Zungen, die dem Apfelwein auch üble Eigenschaften nachsagen. Die meisten dieser im Grunde unerheblichen Einwände betreffen die manchmal durchschlagende Wirkung auf die Verdauungsorgane. Daß nach dem Genuß einiger Schoppen Apfelwein schon mancher in die Hosen machte, soll hier gar nicht geleugnet werden. Dies entspricht der Wahrheit. Eine Erfahrung übrigens, der hin und wieder sogar die allerältesten Geschworenen aufs neue ausgesetzt werden, selbst wenn sie hundertmal behaupten, das sei ihnen vor über fünfzig Jahren zum letztenmal passiert. Mit diesem Effekt muß man leben, das ist nun mal so. Den Apfelwein aber deshalb als reines Abführmittel zu diskriminieren, entspricht der gemeinen Niedertracht nichtswürdiger Banausen. Wir hören bei solchen Bemerkungen einfach weg.

Mit entschlossenerem Widerspruch muß dagegen rechnen, wer den Apfelwein als Schrittmacher ins Kriminelle verunglimpft. So geschehen 1974, wie aus einer der hiesigen Zeitungen hervorgeht. Die Frankfurter Allgemeine Zeitung veröffentlichte damals einen Mundartbeitrag, der solche Unterstellungen nachhaltig zurückwies.

Unglaublich!

Des haut dem Bembel jetzt awwer doch de Bodde enaus! Da schreibt e Zeitung, sogar e Frankforter Zeitung, daß Äppelweidrinke gewaltdähtisch mache däht. Es is doch einfach unglaublich, was sich die Spitzbube in dene Redaktione alles eifalle lasse, um ihr Zeitung vollzukrieje. Net emal vor de Diffamierung vom Äppelwei mache se halt. Es is doch wohl klar, daß mer als Frankforter un Äppelweitrinker sowas net uff sich sitze lasse kann. Womechlich spricht sich des rum – die Leut babbele ja heut viel schlächt Zeuch nach –, un eines Daaches braucht mer dann zum Äppelweidrinke en Waffeschein.

Der hanebüchene Artikel stützt sich uff die Beobachtung von em Gießener Sozialarbeiter, der angeblich bei Hascher und Fixer, die von Droche auf Alkohol umsteische, beobacht' hawwe will, daß die, wenn se Äppelwei statt Bier drinke, zur Gewalt neische. Wörtlich haaßt's in dem Artikel: »Es habe sich gezeigt, daß Alkoholiker, die früher nach ausschweifendem Bierkonsum sanftmütig und gefügig wurden, im Apfelweinrausch gewalttätig reagierten. Die Fälle, daß dann Widerstand gegen die Staatsgewalt geleistet wird, daß versucht wird, Polizisten zu überfahren, oder daß zu Hause alles kurz und klein geschlagen wird, mehren sich zunehmend.«

Es soll jetzt gar net abgestritte wern, daß mancher, wenn er e paar Schobbe zuviel geblase hat, emal newer de Kapp is. Von Gewalt kann da awwer iwwerhaupt kaa Red sei. Wenn aaner von dribbdebach kimmt un hat e Beul am Ei, dann hat er sicher en Laternepfahl iwwersehe. Des kimmt vor. Wenn die in Gieße beim Äppelweidrinke gewalttätisch wern, hat des mit Sicherheit annere Gründ. Daß de Alkohol im Äppelwei en annern sein soll als im Bier, kann doch wohl aaner net im Ernst behaupte wolle. Vielleicht worn die in Gieße nur deshalb so gewalttätisch, weil des Stöffche dort so sauer is.

Die Geschichte vom Apfelweindoktor Petsch

Schließlich kommt, wer über Apfelwein und Gesundheit spricht, an einer bedeutungsvollen, wenngleich bereits historischen Begebenheit nicht vorbei: An der Geschichte vom »Apfelweindoctor Petsch aus Frankfurt am Main vor Gericht in Berlin«. Ein Stück Apfelweinliteratur, das nachzulesen sich lohnt. Schon deshalb, weil es über den behandelten Gegenstand hinaus, bezeichnende Einblicke in den Zeitgeist und die Lebensverhältnisse um die Mitte des vorigen Jahrhunderts authentisch gewährt. Die »Frankfurter Familienblätter«, eine »Belletristische Beilage zum Frankfurter Anzeiger«, haben 1856 auf vier eng gedruckten Seiten über die Berliner Vorgänge in der gebotenen Ausführlichkeit berichtet. Wir geben im folgenden einige Originalauszüge wieder, die den Sachverhalt und Ablauf der Verhandlung klar erkennen lassen:

Vor der vierten Deputation des Criminalgerichts zu Berlin erschien am 10. der Aepfelweinhändler Johann Christian Wilhelm Petsch, angeschuldigt, an ihn erlassenen polizeilichen Verboten zuwider die Heilung äußerer und innerer Krankheiten unternommen zu haben, ohne vorschriftsmäßig approbirt zu sein, ein Vergehen, welches der §. 199 des Strafgesetzbuchs mit Geldbuße von fünf bis fünfzig Thalern oder Gefängniß bis zu 6 Monaten bedroht. Der Zuhörerraum war gedrückt voll.

Vor dem Sitzungssaal auf den Fluren standen zwischen 50 und 60 Personen, welche der Angeklagte als Entlastungszeugen mit zur Stelle gebracht hatte. Von allen diesen Leuten hörte man fast dieselben Aeußerungen, die ungefähr lauten, wie die folgende: »Es ist schändlich -- so ein edler Mann -- hilft den Kranken, wenn ihnen der Tod schon auf der Lippe sitzt -- ist ein Wohlthäter der Menschheit -- ein anderer Mann, wie die Doctoren! Der Gerechte muß viel leiden, so ist es dem Heiland aber auch ergangen – man wird den braven Mann erst begreifen, wenn er nicht mehr sein wird!« Solche und ähnliche Aeußerungen wurden mit einer Aufgeregtheit gesprochen, welche die Gerichtsdiener wiederholentlich veranlaßten, Ruhe zu gebieten. An eine Wand des Flures gelehnt, sah man ferner einige Dutzende Krücken und Stöcke aller Art stehen. An jedem Stock und an jeder Krücke klebte ein Zettel, welcher – theils beschrieben, theils bedruckt – eine Inschrift trug, wie die folgende:

»Krücke des Osenthier, welchem ein Bein abgenommen werden sollte.

Berlin, 1854.«

An andern Krücken sah man aus Zeitungen geschnittene Danksagungen befestigt, in denen der Welt die Petsch'sche Aepfelweinkur empfohlen und Herrn Petsch für Lebensrettung oder Heilung gedankt wird. Wir wenden uns jetzt zur Verhandlung selbst.

Präs.: Angeklagter! Sie stammen aus Frankfurt a. M., halten sich aber seit 1850 hier in Berlin auf, nicht wahr?

Petsch: Ja, ich bin aber bereits seit 30 Jahren preußischer Staatsbürger. Ich habe 20 Jahre lang in der Provinzialstadt Luckenwalde als Maurermeister fungirt.

Präs.: Sind Sie jemals bestraft?

Petsch: Gott sei Dank, nein.

Präs.: Sie stehen gegenwärtig unter der Anklage der Medizinalpfuscherei. Der Herr Staatsanwalt wird Ihnen die Anklageschrift vorlesen.

Dies geschieht. Die Anklage erwähnt eines einzigen speziellen Falles. Petsch hat im Oktober v. J. die zehnjährige Tochter des Schuhmachers Likermann an der Cholera behandelt, indem er ihr Aepfelwein mit Milch resp. Wasser vermischt in bestimmten Dosen verabreichte und Aepfelweinumschläge machen ließ. Das Kind starb Tags darauf, war jedoch schon vor der Petsch'schen Behandlung vom Arzte aufgegeben worden. Durch die Behandlung dieses Kindes hat Petsch nach Ansicht der Staatsanwaltschaft gegen den §. 199 des Str.-Ges.-B. gefehlt, weil ihm wiederholt, namentlich auch im

Jahre 1853 ad protocollum, polizeilich untersagt worden ist, Kuren vorzunehmen. Der Angeklagte hat in der Voruntersuchung selbst angegeben, in circa 25,000 Fällen ähnliche Kuren vorgenommen zu haben. Die Anklage erkennt an, daß nirgends erwiesen sei, daß er sich für seine Kuren Bezahlung oder sonstige Belohnung habe geben lassen, erkennt auch ferner an, daß die vom Angeklagten vorgenommenen Kuren erweislich nirgends schädliche Folgen gehabt haben.

Präs.: Angeklagter! Lassen Sie sich auf die Anklage aus!

Petsch: Mein eigenes Gefühl hat schon längst den Wunsch in mir rege gemacht, einer Wahrheit das Wort reden zu können und zu dürfen, von welcher Gesundheit, Wohlergehen und Frohsinn der Menschheit abhängen und durch welche dem Staate eine markige, kräftige, kernige Generation gesichert werden könnte. Der ganzen Menschheit könnte nicht nur durch mich leiblich geholfen, sie könnte auch geistig aufgerichtet werden, denn Geist und Leib hängen innig zusammen, und das Wohlbefinden des Geistes wird durch die Gesundheit des Leibes bedingt. (Mit erhobener Stimme): Mit gutem Gewissen stehe ich hier vor dem Angesicht des allgegenwärtigen Gottes und vor der Welt, welche mit dem höchsten Interesse auf diesen Fall blickt. Ich bin mir bewußt, tausend Leidenden geholfen zu haben, und ich hoffe, ich werde noch Abertausenden bis über die Grenzen Europa's hinaus helfen. Ich habe manche Thräne getrocknet mit der Hilfe des allmächtigen Gottes, ohne den kein Sterblicher etwas vermag. Ich bin 30 Jahre Staatsbürger und habe gern und willig alle Lasten getragen, welche mir auferlegt worden sind, ich habe geeifert gegen Alle, die sich gegen Gesetz und Recht auflehnten. Ich habe nie selbst gegen das Gesetz gehandelt, weil es Gottes Wille ist, daß wir die Gesetze achten sollen. Aber das Gesetz ist nicht blos für die Träger der Wissenschaft, es ist auch für die leidende Menschheit da und es kann nicht Gottes Wille sein, daß die Gesetze gegen die leidende Menschheit angewendet werden.

Präs.: Angeklagter! Sie kommen zu weit von der Sache ab, mit der allein wir es hier zu thun haben. Dies ist der Fall mit dem Likermann'schen Kinde. Wie ist es damit?

Petsch: Ich bin von dem Vater des Kindes gerufen worden. Als ich kam, saß dem Kinde schon der Tod auf der Lippe, es war nicht mehr zu helfen. Trotzdem hielt ich es für meine Pflicht, noch einen Versuch zu machen. Ich gab dem Kinde Aepfelwein ein, verordnete Umschläge und es trat auch eine momentane Besserung ein. Das Leben des Kindes ward bis zum nächsten Tage aufgehalten, dann ist es gestorben.

Präs.: Was sollen denn nun die fünfzig Zeugen bekunden, welche Sie mitgebracht haben?

Petsch: Diese fünfzig Zeugen können soviel bekunden, daß ich, einen Segen über die Welt verbreite, welcher unschätzbar ist.

Das Gericht beschließt, drei der anwesenden Zeugen zu hören, schon um daraus zu ersehen, in welcher Weise der Angeklagte bei seinen Kuren verfahren ist, dann aber auch, weil das Resultat der Kuren von Einfluß für Abmessung eines etwaigen Strafmaßes ist.

J.-R. Wilberg: Ich bitte, die Beweisaufnahme auch noch auf einen andern Punkt auszudehnen. Die Anklage sagt, es ist dem Angeklagten polizeilich verboten worden, zu kuriren. Nun hat aber das Polizeipräsidium dem Petsch selbst Schutzleute zugeschickt, um sich von ihm behandeln zu lassen. Die Behandlung ist erfolgt. Petsch ist demnächst polizeilich aufgefordert worden, seine Rechnung über die Kurkosten einzureichen; er hat dies gethan, die Rechnung ist amtlich durch die Kasse des Polizei-

Präsidii gegangen und ihm aus dieser bezahlt worden. Da das Polizei-Präsidium selbst sich seiner amtlich bediente, mußte Petsch glauben, daß das frühere Verbot aufgehoben sei. Ich bitte, diese Thatsache durch Extrahirung einer amtlichen Auskunft des Polizei-Präsidii constatiren zu lassen.

Das Gericht hielt diesen Beweis nicht für erheblich. Es werden nun die Zeugen vernommen.

Bauräthin Henning: Ich habe einen Sohn, welcher als Kind einen Stoß in den Rücken erhielt. In Folge dessen bildeten sich Abcesse. Mein Hausarzt, Dr. Köste, behandelte das Kind fünf Jahre lang, ohne es zu heilen. Das Kind wurde so elend, daß es nur noch kriechen, nicht laufen konnte. Aus den Reden des Arztes entnahm ich schließlich, daß er das Kind als unheilbar aufgegeben habe. Ich ging nun auf Zureden Anderer zu Herrn Petsch. Dieser kam, sah sich die Abcesse an und sprach die Meinung aus, daß dieselbe durch Erweichung weggebracht werden müßten. Mein Arzt hatte dieses Mittel nicht anwenden wollen. Herr Petsch verordnete Aepfelweinumschläge, diese wurden gemacht und die Abcesse verloren sich in Folge dessen alsbald. Nebenbei trank das Kind auf Anordnung des Herrn Petsch Aepfelwein mit Milch, resp. Wasser. In kaum 5 Wochen lief das Kind, welches fünf Jahre lang nur kriechen konnte und vom Arzt aufgegeben war, gesund und munter umher und ist seitdem nicht wieder krank gewesen.

Präs.: Hat der Angeklagte Ihnen vorgeschrieben, welche Dosen von Wein dem Kinde gegeben werden und in welcher Weise die Umschläge gemacht werden sollten?

Zeugin: Ja.

Küster Lange: Ich habe zwei Kinder, welche in Folge von Verdauungslosigkeit an gänzlicher Entkräftung litten und so jämmerlich aussahen, daß wir uns schämten, sie Jemand zu zeigen. Der Dr. Jakobi, welcher sie behandelte, gab sie auf und ich schickte sie in Folge dessen nach Bethanien, wo sie der Geheimrath Bartels behandelte. Auch dieser sagte mir, es werde aus den Kindern nichts werden. Nun wandte ich mich an Herrn Petsch. Dieser sah sich die Kinder an und schrieb Umschläge von Aepfelwein und den Genuß desselben vor. Die Kinder besserten sich sichtlich und nach Verlauf von sechs Monaten sah ihnen Niemand an, daß sie krank gewesen waren. Sie sind kräftig geworden und befinden sich noch bis heute in erwünschtem Wohlsein.

Präs.: Können Sie das beschwören?

Zeuge: Ja, das kann ich, aber ich möchte bitten, mir den Eid nicht eher abzunehmen, bis ich mit meinem Seelsorger darüber gesprochen habe. Ein Eid ist doch eine wichtige Sache.

Präs.: Mit Ihrem Seelsorger hat das Gericht nichts zu thun, Sie sind auf Erfordern des Gerichts verpflichtet, den Eid zu leisten.

Zeuge: Wenn es der Gerichtshof befiehlt, weigere ich mich auch nicht.

Der Staatsanwalt erhält das Wort zur Begründung der Anklage.

Er hält es für gleichgiltig, ob die Kuren des Angeklagten gute Resultate gehabt haben und führt aus, daß es nur darauf ankomme, ob dem Angeklagten das Kuriren polizeilich untersagt worden sei und ob er trotzdem weiter kurirt habe. Dieß sei nicht nur durch sein eigenes Geständniß und durch die vernommenen Zeugen, sondern auch durch circa 400 von dem Angeklagten zu den Acten gereichte Briefe festgestellt, in denen Patienten sich an ihn um Rath wandten und auf die er ihnen geständlich je nach der Verschiedenheit der Krankheiten verschiedene Anwendung des Aepfelweins angerathen hat. Darin liege der Thatbestand der Medicinalpfuscherei im Sinne des §. 199 des Strafgesetzbuchs. Bei

Das

naturgemäße Heilverfahren

durch

richtige Anwendung

des

Apfelweins

nach eigener Erfahrung

von

Johann Christian Wilhelm Petsch,

Hausvoigteiplatz No. 2.

in

Berlin.

Sechste vervollständigte Auflage.

(Preis brosch. 10 Sgr.)

Berlin, 1856.

Beim Verfasser.

Abmessung der Strafe sei zu berücksichtigen, daß der Angeklagte zwar eine Menge solcher Kuren, 25,000 an der Zahl, vorgenommen habe, daß aber der Erfolg – theils notorisch, theils gerichtlich erwiesen, ein günstiger, mitunter sogar eclatant günstiger gewesen und daß kein Fall bekannt geworden ist, wo die Kuren Schaden angerichtet hätten. Demgemäß schien eine Geldbuße von 10 Thlrn. als Strafe angemessen.

Präs.: Angeklagter. Haben Sie selbst noch etwas anzuführen.

Petsch: Es liegt schon in der Natur jedes gefühlvollen Menschen, eine Blume blühend und lebensfrisch zu erhalten. Es liegt jedem gefühlvollen Menschen am Herzen, ein Thier gesund und am Leben zu erhalten. Wie viel mehr Gottes Lohn verdient man sich durch die Erhaltung eines Menschen! Ich suche durch die Wunderheilkraft von Apfel, Milch und Wasser die Menschheit zu erhalten und zu veredeln. Wird der Leib veredelt, so wird es auch der Geist. Ich soll mich prüfen und approbiren lassen. Ich wollte aber lieber in's Grab gehen, als ich das thue. Ich will mit der Kunst gar nichts zu thun haben. Ich habe meine Befriedigung genug an dem, was ich jetzt schon wirke, an den Resultaten, die ich täglich erziele. Ich könnte selbst einen Lehrstuhl errichten und würde Segen verbreiten, so weit die Wolken ziehen. Ich erwarte jetzt ruhig mein Urtheil und schließe mit den Worten: Ehre sei Gott in der Höhe und Friede auf Erden und den Menschen ein Wohlgefallen!

Der Gerichtshof erklärte nach kurzer Berathung Petsch des unbefugten Kurirens schuldig und verurtheilte ihn zu 10 Thlrn. Geldbuße oder sieben Tagen Gefängniß. Die Gründe dieser Entscheidung waren ganz der Ausführung der Staatsanwaltschaft entsprechend.

Vertheidigungs-Rede des Aepfelweinhändlers Petsch vor dem Berliner Criminal-Gericht

Es wurde in diesen Blättern bereits mitgetheilt, daß der Obengenannte, ein geborener Frankfurter, wegen »unbefugten Curirens mittelst Aepfelwein« angeklagt und bestraft worden. Es dürfte vielleicht die Leser interessiren, Petsch's originelle Rede, womit er statt des im Termine ausgebliebenen Vertheidigers seine Sache selbst verfocht, kennen zu lernen. Sie lautet:

»Ich bin von der Anklage als ein Pfuscher im Gebiete der Medicin hingestellt worden. Ich glaube aber, ich bin kein Pfuscher. Ein Pfuscher treibt seine Sache im Finstern, im Dunkel, im Winkel; ich aber treibe meine Sache vor dem Angesichte Gottes, und nicht zu meiner, sondern zu seiner Ehre. Der Apfel ist von der Erschaffung der Welt an die vornehmste Frucht gewesen und Jedermann weiß daß sie schon im Paradiese eine große Rolle gespielt hat. Diese wichtige Rolle spielt der Apfel auch im ferneren Verlaufe der Weltgeschichte. Man denke nur an den Reichsapfel! Der Apfel an demselben bedeutet den Geist, das Kreuz darin bedeutet die Liebe. Das Kreuz steckt im Apfel, ein Beweis, daß die Liebe erst aus dem Geiste entspringt, welcher im Apfel liegt. Wie die Milch aus den Quellen reiner Liebe getrunken nur neue Liebe erzeugen kann, so konnte die ganze Menschheit aus dem Apfel Heil, Wohlergehen und Segen trinken. Der Genuß des Aepfelweins ist nicht nur für die lebende Menschheit, sondern auch für die kommenden Generationen von der höchsten Wichtigkeit. Der Aepfelwein reinigt das Blut, reinigt den ganzen Körper und reinigt damit auch den Geist. Aus unreinem Blute entstehen unreine Begierden, reines Blut macht einen reinen Geist. Würde die Welt das erst begreifen, dann würde das Laster schwinden, die Verbrechen würden aufhören, die Gefängnisse würden leer werden. Ein Beweis für meine Behauptungen ist das Jahr 1848. Ja, meine Herren, 1848 ist aus hitzigem Blute entsprossen. Es hat sich gezeigt, daß die hitzigen Leute mehr zur Aufwiegelung inclinirten, als die ruhigen Leute mit reinem Blute. Durch den Aepfelwein wird das Blut veredelt, Körper und Geist werden verjüngt, die künftigen Generationen werden gestärkt. Dieses treffliche Heil- und Stärkungsmittel soll ich nun nicht anwenden? Soll ich müßig stehen, wenn ich meine Mitmenschen am Rande des Grabes sehe und wenn ich die Kraft in mir fühle, ihnen helfen zu können? Nimmermehr! Ich werde weiter helfen, weiter wirken mit der Hilfe des allmächtigen Gottes. Der Aepfelwein ist ein Lebensfluidum in der Hand Gottes, welches er der Menschheit in dem Laboratorium der Natur bereitet. Gott selber hat uns in der heiligen Schrift den Apfel als eine edle Frucht bezeichnet, indem er befahl, daß der Apfel zu Zierden von Heiligthümern benutzt werde.

Diese von Gott selbst empfohlene edle Frucht werde ich weiter benutzen zu seiner Ehre, so lange es mir vergönnt sein wird. Es komme, was da wolle!«

Nach dieser Vertheidigungsrede des Angeklagten nahm der Herr Staats-Anwalt Riem das Wort und erklärte, daß er sehr weit entfernt sei, die heilkräftigen Eigenschaften des Aepfelweins in Abrede stellen zu wollen und daß er die Begeisterung des Angeklagten für dieses Heilmittel um so begreiflicher finde, als derselbe, wie in erster Instanz zur Evidenz festgestellt worden, damit in vielen Fällen Erfolge erzielt habe, zu denen es die Aerzte mit ihrer allopathischen Manier nicht bringen konnten. Der Angeklagte möge daher in Gottes Namen weiter wirken zum Segen der Menschheit, nur nicht in seiner bisherigen mit dem Strafgesetz collidirenden Weise. Wenn er Curen mit Aepfelwein vornehmen wolle, so möge er einen approbirten Arzt zuziehen und unter dessen Aufsicht thätig sein. Für den vorliegenden Criminalfall genüge, daß der Angeklagte an ihn ergangenem polizeilichen Verbote zuwider ohne Approbation kurirt habe. Damit habe er gegen §. 119. des Strafgesetzbuches gefehlt, wie der erste Richter richtig angenommen habe. Die Strafe sei sehr gelinde arbitrirt, es müsse daher lediglich die Bestätigung des ersten Erkenntnisses beantragt werden. Nach kurzer Berathung publicirte das Kammergericht seinen Beschluß, wonach das erste Erkenntniß (10 Thaler Geldbuße) bestätigt wurde.

Friedrich Stoltze schreibt an Petsch

Was in Berlin passierte, ließ Friedrich Stoltze in Frankfurt nicht ruhen. Er schrieb an Petsch, den er wohl für einen ziemlichen Spinner hielt, öffentlich einen Brief. Der leicht bigotte Apfelweindoktor erntet darin von dem Freigeist Stoltze Spott und Ironie.

An Herrn Apfelweinhändler Petsch in Berlin:

Wann e alter, geborener Sachsehäuser iwwern Eppelwei redde dout, so weern Se marr zugestieh, daß der Mann e Ordal hot, un daß em dausend geleerte Beowachdunge un sehr vulle Datsache zer Seit sein, un daß er dei Werkunge, dei der Eppelwei uff de Mensche ausiewe dout, ganz genau kenne dout...

Daß deß Stoffche viel Haalkraft hot, is wohr; dann sonst dete merr net soge: gestern hawwe merr uns beim Muckefritz widder emol gehaalt.

Merr soll aach de Eppelwei unner alle Umständn drinke.

Dann unser Herrgott selwersch hat derr schont im Paredies zem Adam gesacht: von dem Baam sollt derr net *esse!* He? Merkst de ebbes? –

Su weit sein merr aanig, Herr Betsch. Awwer die Ihne Ihrig Haalmethod is olwerig. Su halt ich, par Exempel, die Uffschleg net for gut. E Uffschlag von zehe Heller uff en Grosche werkt uffregend un setzt bies Blout.

Daß Se awwer Eppelwei mit Milich un Wasser raache, deß hot ganz Frankfort un Sachsehause entrist un muß die belaadigt Vatterstodt als dorchaus unbassend zerickweise. Eppelwei raacht merr entwedder met Butter und Kees, odder, bei hartneckige Fäll, met Solwerknoche un Derrflaasch.

Daß Se awwer met Eppelwei aach Krumme un Lahme grad gemacht hawwe wolle, doderdriwwer, Herr Betsch, kann merr Ihne, so laad merr'sch dout, net annerschter erwiddern als: Licheoos! Grad des Gegedaal is derr'sch! Dann grad gieht merr zem Eppelwei, un krumm gieht merr widder haam! –

Daß Se awwer ere Fraa met Eppelwei en biese Fouß korriert hawwe, deß will nix haaße; awwer korriern Se merr emol aaner met Eppelwei e bies Maul! Deß wern Se bleiwe losse! Dann dorch Eppelwei wern die Mäuler nor noch bieser.

Su hawwe Se aach ganz vergesse, die moralisch Werkung evorzehewe, dei der Eppelwei uffs menschlich Gemiet ausiewe dout, un besunnerscht, wos in Berlin gewiß net ungeern gehiert worn wär: daß der Eppelwei die Seel zer Andacht stimme dout, dann sunst kennte merr hei net soge, wenn von Eppelwei die Redd is: da wolle merr uns awwer emal enei *kniee!*

Der Mann muß wisse, wie viel err wenigstens drinke muß; un daß deß net wenig sei kann, weern Se merr zougewwe...

Im Iwwerenzige muß ich Ihne Ihrm Strewe, des edel vatterlännisch Gedränk in em Land auszebraate, wo merr sich seithere en Engel net annerschter hot vorstelle kenne, als met em e Kimmel in der Hand, mei ganz Hochachdung darbrenge.

»Tja, meine Liebe – diese Taille verdanke ich nur meiner Apfelkur!«

Der deutsche Markt

Der Apfelwein spielt auf dem deutschen Markt für alkoholische Getränke nur eine fast unerhebliche Nebenrolle; wenngleich er hierzulande der meistgetrunkene Obstwein ist. Auf einem riesigen Ozean von Bier schwimmt hier und da ein winziges Pfützchen vom Stöffche. Knapp 100 Millionen Hektoliter beträgt der Bierausstoß pro Jahr. Die industrielle Apfelweinproduktion beläuft sich dagegen nur auf 650000 Hektoliter, der Menge nach also bei weitem noch nicht einmal ein Prozent der Bierproduktion. Neben 15 Kästen Bier steht eine Literflasche Apfelwein. Die Weinproduktion allerdings beträgt sogar nur 8000 bis 11 000 Hektoliter pro Jahr, also wiederum noch nicht einmal zwei Prozent der Apfelweinproduktion. Insgesamt wird der deutsche Apfelweinverbrauch – sehr grob – auf 1,2 Millionen Hektoliter geschätzt. Etwa genausoviel wie die Industrie liefert, dürfte demnach auf die private Kleinherstellung entfallen. Rund 80 Prozent der industriellen Menge werden schätzungsweise in Hessen, mit dem Schwerpunkt in Frankfurt, abgesetzt. Den Umsatz der ganzen Branche darf man bei etwa 45 Millionen Mark vermuten.

Größter deutscher Hersteller mit einem Marktanteil von knapp 50 Prozent, bei einer Abfüllmenge von jährlich rund 30 Millionen Litern, ist die Kelterei Wilhelm Höhl in Hochstadt bei Hanau. Höhl ist während der letzten Jahre vor allem durch den Aufkauf kleinerer Betriebe kräftig gewachsen. Das Unternehmen vertreibt mehrere Sorten unterschiedlicher Qualität unter unterschiedlichen Bezeichnungen.

Auf dem zweiten Platz rangiert mit einer Produktionsmenge von knapp 20 Millionen Litern die Frankfurter Kelterei Possmann KG. Die Großkelterei ist aus der Gartenwirtschaft »Zum Taunus« im Frankfurter Vorort Rödelheim hervorgegangen. Sie besteht seit fast 100 Jahren. Possmann vertreibt seine Produkte unter dem Namen »Frankfurter Äpfelwein« und »Frau Rauscher«, der als Speierling-Apfelwein angeboten wird.

Die restliche, statistisch erfaßte Produktion, rund 15 Millionen Liter, entfällt auf mehrere Dutzend kleinere Hersteller, die zumeist um Frankfurt ansässig sind, aber auch im Saarland, in Württemberg und am Bodensee. Dem Verband »Hessische Süßmost-, Äpfelwein- und Obstgetränkehersteller e.V.« gehören 70 Mitglieder an, von denen der größte Teil unter anderem auch Apfelwein herstellt. Hinzu kommen noch etwa ein Dutzend Betriebe außerhalb der hessischen Landesgrenzen.

Zunehmend versuchen in jüngster Zeit auch branchenfremde Großkonzerne auf dem kleinen Apfelweinmarkt Fuß zu fassen. Um sich von den etablierten Herstellern abzuheben, propagieren sie neue Produkte, die sich geschmacklich vom herkömmlichen deutschen Apfelwein merklich unterscheiden. Diese Getränke dürfen nicht Apfelwein genannt werden, sondern müssen eine andere Kennzeichnung tragen. So hat der Obstsafthersteller Grannini, eine Tochtergesellschaft des Oetker-Konzerns, vor kurzem einen Versuch mit einer Art Cidre gestartet. Das ausdrücklich als »moussierend« gekennzeichnete »Getränk« wird in zwei Qualitätsstufen mit 2 und 4 Prozent Alkohol angeboten. Sein Geschmack ähnelt in der Tat mehr dem französischen Bruder des Apfelweins, denn dem deutschen Original. Eine Alternative zum Apfelwein ist damit nach unserer Meinung nicht entstanden. Cidre ist eben etwas anderes als »Äppelwei«, und dabei soll es auch bleiben.

Recht schwunghaft hat sich in letzter Zeit der »Außenhandel« der Branche entwickelt, besonders was die Einfuhr betrifft. Rund 5 Millionen Liter, knapp 8 Prozent der deutschen Produktion, werden zur Zeit in Flaschen eingeführt. Hinzu kommen noch etwa 3,6 Millionen Liter lose abgefüllter Ware, die erst in Deutschland auf Flaschen gezogen wird, wie zum Beispiel der obengenannte Cidre von Grannini. Die wichtigsten nach Deutschland exportierenden Länder sind Frankreich und England sowie auch Belgien und Dänemark. Die imponierenden Steigerungen der Einfuhr werden von den deutschen Herstellern natürlich mißtrauisch beobachtet. Die Entwicklung, schrieb der Verband jüngst, »zwingt zum Nachdenken«.

Umgekehrt steigen aber auch die deutschen Exporte. Weit über 2 Millionen Liter, etwa 3 Prozent der Gesamtproduktion, werden jährlich ausgeführt, was aber noch nicht einmal der Hälfte der Importmenge entspricht. Mit weitem Abstand die größten ausländischen Abnehmer sind die Nachbarn in Holland. Beim Apfelwein, und das ist einerseits betrüblich, zeigt die deutsche Handelsbilanz einen deutlichen Negativsaldo. Andererseits – trösten wir uns ruhig mit den württembergischen Winzern, die ihre besten Tropfen ebenfalls lieber im »Ländle« selbst verkonsumieren, anstatt sie umständlich zu exportieren.

Ähnlich müssen auch schon die alten Frankfurter gedacht haben, wie der folgende Bericht des Mundartpoeten Paul Quilling beweist:

Ein brillantes Geschäft

Am Wäldchestag beschlossen zwei Sachsenhäuser, der Balzer und der Nikelees, auch einmal ein Geschäft im Wäldchen zu machen. Sie kauften deshalb ein Fäßchen Apfelwein, um es draußen zu verzapfen, und drückten es auf einem Karren gemeinsam hinaus. Da aber keiner dem Durst des anderen viel Gutes zutraute, hatten sie ausgemacht, es müsse ein jeder von ihnen, wenn er einen Schoppen trinken wolle, diesen auch bezahlen.

Es war ein heißer Tag, und sie waren kaum vor dem Affentor, da sagte der Balzer: »Halt emol ei, Nikelees, ich hab' en Mordsdorscht, do hoste en Grosche, schenk mer emol en Schobbe ei.« Der Nikelees war nicht abgeneigt, schlägt den Krahnen ins Faß und zapft daraus dem Balzer einen Schoppen ab. Jetzt hat aber der Nikelees auch Durst, er bezahlt also dem Balzer den Groschen zurück und trinkt auch einen Schoppen. Ein Schoppen ist aber gar nichts, und der Balzer trinkt noch einen, und der Nikelees trinkt auch noch einen. Der Weg ist weit, der Durst ist groß, das Geschäft wiederholen sie unterwegs noch viele Male, und der Groschen wandert beständig hin und her. Als sie hochvergnügt im Wäldchen ankamen, war das Fäßchen glücklich leer...
(Nach Gerteis, Das unbekannte Frankfurt)

Der Apfelwein draußen

Woanners werd aach gekeltert

Apfelwein ist keine Frankfurter Erfindung. Das mag einige »Geschworene« in Sachsenhausen und Umgebung schwer treffen, läßt sich aber nicht verheimlichen. Die Geschichte beweist es. Spätestens der nationale und internationale Tourismus bringt es mit sich, daß Frankfurter Stöffche-Liebhaber in der Fremde den fremden Stoff auch hin und wieder selbst probieren können. Apfelwein, oder apfelweinähnliche Getränke, werden fast überall hergestellt, wo Äpfel wachsen, und die wachsen in den gemäßigten Klimagürteln rund um den ganzen Erdball.

In Deutschland liegen die bedeutendsten Herstellungsgebiete außer in Hessen vor allem in Baden-Württemberg sowie dem Trierer und Saarbrücker Raum. Die Herstellungsmethoden und dementsprechend auch die geschmacklichen Eigenschaften des Apfelweins sind unterschiedlich; in den Kapiteln über die Herstellung wurde bereits darauf hingewiesen. In Württemberg zum Beispiel setzt man dem Saft vor dem Gären bis zu 30 Prozent Wasser zu. Die württembergische Bezeichnung »Moscht« für den fertigen Apfelwein ist in Hessen irreführend. Hier ist mit Most nur der Saft, der aus der Kelter rinnt, gemeint. Erst durch Gärung wird der Most zum Wein.

Der Geschmack des Apfelweins im Alten Land wird von den Äpfeln, die dort wachsen, bestimmt. Zwar liegt im Norden ein unerschöpfliches Rohstoffgebiet, direkt vor den Hoftoren der Bauern wachsen regelrechte Apfelwälder, aber es sind meistens eher Tafelobstsorten mit zu wenig Säure. Zu wenig Säure bringt Probleme bei der Gärung mit sich und nimmt dem fertigen Wein die typisch säuerlich-herbe Geschmacksnote. Am ehesten dürfte dem Frankfurter »Äppelwei« noch der im Südwesten Deutschlands hergestellte Apfelwein entsprechen. Nicht zuletzt heißt einer der klassischen Kelteräpfel nach der Stadt Trier, der »Trierer«.

Der Cidre

Auch in Mitteldeutschland und noch weiter östlich, vor allem in der Tschechoslowakei und in Ungarn, hat die Apfelweinbereitung eine jahrhundertealte Tradition. Im Süden, besonders in der Schweiz, ist er ebenfalls von alters her der übliche Haustrank der Bauern. Man kann sagen, er steht in den gemäßigten Klimazonen überall da im Vordergrund, wo keine Reben angebaut werden. Wo Wein wächst, ist der Apfelwein nie so recht populär geworden. Das zeigt sich vor allem auch in Frankreich, wo der weit über die Grenzen des Landes hinaus bekannte Cidre in den Nicht-Weinbaugebieten der Normandie und Bretagne heimisch ist. Gehen wir an dieser Stelle kurz auf die Eigenarten des Cidre ein.

Die französischen Äpfel enthalten nur verhältnismäßig wenig Stickstoff, was nicht ohne Folgen für die Vergärung bleibt. Der Stickstoff ist die Nahrung für die Hefen. Die Arbeit, die sie bei der Vergärung leisten, nämlich die Aufspaltung des Zuckers in Alkohol und Kohlensäure, lassen sie sich durch den Verzehr von Stickstoff bezahlen. Stickstoffmangel führt nun dazu, daß die Gärung nur sehr langsam vor sich geht. Zudem wird der Wein nicht vollständig durchgegoren. Gleichzeitig bleibt durch die zögernde Vergärung viel Kohlensäure im Wein gelöst, was ein leichtes Moussieren zur Folge hat, eine typische Eigenart des Cidre. Wesentlich schwerwiegender ist aber, daß die nicht vollständig durchgegorenen Weine auch nur über wenig Alkohol verfügen. Nur etwa 3,5 bis 4 Prozent sind beim industriell hergestellten Cidre die Regel, beim privaten Gewächs mögen es bis zu 5 Prozent sein.

Aus diesen Gegebenheiten ergibt sich eine recht eigenständige Geschmacksrichtung des Cidre: Er steht dunkelgelb bis braun, stark perlend im Glas und schmeckt süßlich-bitter, fast möchte man sagen ein bißchen nach Nüssen. Ein Vergleich mit der Frankfurter Geschmacksrichtung läßt sich fast nicht ziehen. Dem Cidre fehlt dazu die charakteristische herbe Säure des hiesigen Produkts.

Auch in Frankreich gibt es große Keltereien, die einen Vergleich mit deutschen Maßstäben keinesfalls zu scheuen brauchen, eher umgekehrt. Die industrielle jährliche Cidre-Produktion wird auf jährlich 135 Millionen Liter geschätzt. Zum Vergleich, die deutsche Produktion ist nur etwa halb so groß. Insgesamt vermutet man den französischen Cidre-Konsum bei etwa 500 Millionen Liter. Davon entfällt der größte Teil auf die privaten Haushalte. Auf dem kommerziellen Cidre-Markt ist eine gewisse Aufwärtsentwicklung zu beobachten. Führend in der Branche sind zur Zeit Cidreries Réunies, eine Tochtergesellschaft der Distilleries Réunies. An zweiter Stelle mit einem Marktanteil von etwa 12 Prozent folgt Pernod Ricard. Pernod ist gleichzeitig einer der größten Calvados-Produzenten.

Das Apfelweinmuseum in Valognes

Die Franzosen haben wohl als einzige in der Welt, weil das so ihre geschichtsbewußte Art ist, sogar ein Apfelweinmuseum. Wir haben es einmal zufällig auf der Rückfahrt aus dem Urlaub in Valognes entdeckt. Das kleine Städtchen liegt an der Nationalstraße 13, etwa 20 Kilometer südöstlich von Cherbourg auf der Halbinsel Cotentin in der Normandie. Ein Schild an der Straße, »Musee du Cidre«, weist darauf hin.

Überall in der Normandie wachsen auf den Wiesen, eingegrenzt von den charakteristischen mannshohen Hecken, die gleichen knorrigen, ungepflegten Apfelbäume wie hierzulande im Taunus oder Odenwald. Aus den sauren Früchten wird ein dunkler, etwas ins Bräunliche gehende Apfelwein gekeltert, der viel natürliche Kohlensäure enthält und sehr aromatisch schmeckt.

Das »Musée Régional du Cidre« (Öffnungszeiten: Juni bis September von 10 bis 12 und von 14 bis 18 Uhr, außer Mittwoch) gibt einen ausgezeichneten Überblick über die rund tausendjährige Geschichte des normannischen Apfelweins. Schon das Gebäude des Museums ist eine Sehenswürdigkeit. »Le Logis du Grand Quartier« ist einer der letzten, wenigstens teilweise erhaltenen Überreste ziviler Gebäude der Stadt aus dem 15. Jahrhundert. Ein Gang durch die vier Stockwerke ist beeindruckend. Die Sammlung reicht von einem Dutzend tonnenschwerer Pressen und Fässer über Hunderte von Tongefäßen, kunstvollen Zapfhähnen und sonstigem Zubehör bis zu einmaligen dokumentarischen Schriftstücken, Gemälden und Fotografien. Besonders auffällig sind die schmucklosen, natürlich braunen, dickbauchigen, tönernen »Bembel« mit sehr engen Hälsen.

Aber nicht nur die Entwicklung der Herstellungsverfahren und der Aufbewahrung kann man ausführlich verfolgen. Auch das »Drumherum« um den Cidre, die jeweilige zeitgenössische Lebensweise, wird in ausgesuchten Stücken vorgeführt. Dazu zählen Liederbücher, die vom Apfel handeln, genauso wie Trachten und nicht zuletzt ein hölzernes, überdachtes Bettgemach, was allerdings den Schluß zuläßt, daß die Normannen seinerzeit wesentlich kürzer gewesen sein müssen als heute.

Fast könnte man als Frankfurter ein bißchen neidisch werden auf diese sorgsam zusammengetragenen Zeugnisse normannischer Apfelweinkultur. Haben wir uns doch bislang in der vorgeblichen deutschen Apfelweinmetropole Frankfurt auf das Trinken vom »Stöffche« beschränkt und seine Geschichte dabei ziemlich außer acht gelassen. Gründe dafür lassen sich nur vermuten. Zum einen wird mit Kultur in Frankfurt allgemein nur wenig Kult getrieben. Zum anderen könnte sich bei geschichtlichen Nachforschungen womöglich herausstellen, daß den Apfelwein tatsächlich die anderen erfunden haben, und was dann? Nicht auszudenken wäre das. »Un deshalb«, so erklärte ein dieserhalb befragter alter Sachsenhäuser, »lasse mer's liewer gleich bleiwe un drinke'n nur«.

Der Cider

Was den Franzosen schmeckt, warum soll es nicht auch jenseits des Kanals den Engländern zum Genuß gereichen? Wenn auch, gerade was das Essen und Trinken betrifft, zwischen den beiden Völkern Welten liegen – nicht nur der Kanal –, so scheinen sie sich doch im Falle des Apfelweins einig zu sein.

Wobei die Engländer hier absolut die Größten sind. In Hereford arbeitet die nach eigenen Angaben größte Kelterei der Welt, die H. P. Bulmer Ltd.

Auf der Insel heißt der Apfelwein dem Cidre ähnlich Cider.

Die britischen Äpfel zeichnet außer ihren klangvollen Namen, wie Kingston Black, Yarlington Mill oder Foxwhelb, ebenfalls ein bittersüßes Aroma aus. Oft werden besondere, stark bittere Cider-Äpfel untergemischt, um die in Britannien gewünschte Geschmacksnuance zu erhalten. Die Gärzeit dauert etwa 12 Wochen, hierzulande etwa 4 bis 6 Wochen, was genauso wie in Frankreich nur auf einen schleppend verlaufenden Gärungsprozeß hindeutet. Auch den englischen Äpfeln fehlt Stickstoff, wohl aber auch Zucker. Inwieweit vor der Gärung Wasser, Zucker und Säure zugegeben werden, vermögen wir nicht zu sagen, wahrscheinlich ist es aber der Fall. Insgesamt entspricht der Cider viel eher dem Cidre. Von der Frankfurter Geschmacksrichtung liegt er noch weiter entfernt als die französische Ware, soweit sich solche Vergleiche überhaupt anstellen lassen.

Der Cider ist alkoholarm, etwa 3 Prozent, und läßt die Säure deutlich vermissen. Wer Frankfurter Apfelwein gewohnt ist, muß sich merklich überwinden, um ihn überhaupt als Apfelwein zu identifizieren. Wir haben uns nach einem Probetrunk lange geschüttelt, so labberig bitterlich lag er auf der Zunge. Eines Werturteils möchten wir uns deshalb enthalten. Werfen wir lieber einen schnellen Blick auf die jahrhunderte alte Geschichte des englischen Apfelweins. Als Wilhelm der Eroberer im 11. Jahrhundert in England einfiel (1066), brachte er aus der Normandie die »Cider-Macher« mit. Sie blieben im Land, gingen ihrem Beruf nach, und die Einheimischen lernten von ihnen.

Seitdem hat sich daraus eine bedeutende Industrie entwickelt, die in den Dimensionen ihrer Unternehmen ihresgleichen sucht. Die schon erwähnten Bulmers produzieren heute in ehemaligen Flugzeughallen, die sich in ihrer Weitläufigkeit nur mit dem Auto abfahren lassen. Das Unternehmen beschäftigt fast 1900 Mitarbeiter. Aus einem riesigen 1500-Tonnen-Silo werden die Äpfel direkt auf Pressen verschiedener Größen gefördert. Der gepreßte Saft wird durch Filter in einen der 235 Behälter gepumpt. Der Größte davon faßt 7,5 Millionen Liter. Für ein alkoholisches Getränk ist dies der größte Tank der Welt. Der Marktanteil des Unternehmens im Vereinigten Königreich liegt bei 60 Prozent. Insgesamt werden von der englischen Industrie jährlich über 200 Millionen Liter Apfelwein erzeugt. Davon entfallen also rund 120 Millionen Liter auf Bulmers. Die größte Frankfurter Kelterei, Possmann, bringt es etwa auf ein Sechstel dieser Menge.

Zweitgrößter Hersteller mit einem Marktanteil von knapp 20 Prozent ist Taunton Cider Co. Ltd., an dem einer der größten britischen Brauereikonzerne, Arthur Guiness Son & Co., beteiligt ist. Bleibt als dritter mit etwa 16 Prozent Marktanteil Coates-Gaymer Co. Ltd. Den Rest liefern kleine Betriebe, die vor allem im Südwesten der Insel angesiedelt sind.

Un außerdem, wo er noch getrunke werd

Wie gesagt, in den gemäßigten Zonen wachsen überall Äpfel und aus Äpfeln macht man Apfelwein. Trotz dieser theoretischen Kenntnis bleiben aber Überraschunen nicht aus. In Seoul, der Hauptstadt Südkoreas, ist uns einmal regelrecht der Schrecken in die Glieder gefahren, obwohl wir ja hätten vorbereitet sein müssen. Denn Südkorea liegt zwar, den Breitengraden nach, etwa auf der Höhe von Sizilien, zählt jedoch noch zu den gemäßigten Zonen. Das Klima entspricht eher mitteleuropäischen als mediterranen Maßstäben, allerdings mit ausgeprägteren Schwankungen. Na, jedenfalls wachsen dort Apfelbäume in reichlichen Mengen.

Während wir also mit den Gastgebern plauderten und von Frankfurt, dem Wetter und unter anderem auch vom Apfelwein erzählten, fragte Mr. Chung: »Applewine?« »Ja, Apfelwein!« Daraufhin stand er auf und kam kurz darauf mit einer dunkelgrünen Flasche zurück, etwa in der Form einer Ein-Liter-Weinflasche. Das Koreanische des Etiketts konnten wir zwar nicht lesen, aber unter anderem stand auch in Englisch darauf »Applewine« und eine Jahreszahl, die auswies, daß die Flasche fünf Jahre alt war. Man lagerte den »Applewine« also wie bei uns den Rebenwein.

Der koreanische Apfelwein schmeckte auch tatsächlich weniger nach Apfelwein als nach einem süßen Dessertwein, dazu leicht harzig, ähnlich wie der griechische Retsina. Die Flüssigkeit war goldgelb, perlte nicht und stand schwer im Glas, einem Weinglas übrigens. Den Alkoholgehalt schätzten unsere Gastgeber auf 10 bis 12 Volumenprozent. Leider ließ sich das Etikett nicht ablösen, es war mit einem dicken Kleber auf Ewigkeit mit der Flasche verbunden. Was alkoholische Getränke angeht, stehen uns die Koreaner auch sonst nicht nach, besonders im Hinblick auf die konsumierten Mengen. Wer hinfährt, sollte eine gute Leber mitnehmen.

Wäre zum Schluß noch Kanada zu erwähnen, das in der Welt zu den bedeutendsten Herstellerländern überhaupt zählt. Die kanadische Geschmacksrichtung entspricht den englischen und französischen Getränken; ebenfalls kein Vergleich zur Frankfurter Ware.

Wo er aach in Deutschland noch getrunke werd

Wo kein Apfelwein gekeltert wird, da muß er importiert werden. Wenn auch, wie die folgenden Berichte aus dem deutschen Norden zeigen, Apfelwein in den Importgegenden mehr den Zauber des Exotischen erhält, denn als normal genießbares Getränk angesehen wird. Aus Berlin berichtet Hans Haibach in der F. A. Z.:

Berliner Stöffche

Manch einer, der »die Stadt« hinter sich gelassen und anderswo Fuß gefaßt hat, kann mitunter erleben, daß eine eben noch fröhliche Runde plötzlich mit den Lippen schaudert und in Grimassen ausbricht, bis hin zu mimischen Andeutungen überstürzter Verdauungsvorgänge, nur weil das brave Wort Apfelwein gefallen ist. Das Zeug, ertönt es auf dem verbalen Gipfel der Barbarei, gehöre »ins Pferd zurückgekippt«. So schnöde kann die Welt reden, ob das einem heimatfrommen Frankfurter in den Kopf enei will oder net.

Selbst der stämmige Getränkemann aus dem Berliner Stadtbezirk Neukölln, dessen Vater das gleiche Geschäft noch in Niederrad betrieb, zieht saures Gesicht und macht abwehrende Handbewegungen: er bringt das Zeug zwar willig (wenn auch nicht billig) ins Haus, seinem Magen möchte er es aber nicht zumuten.

Gleiche Städte haben mitunter ganz andere Nöte, was aus einer Mitteilung der Berliner Wirtschaftsverwaltung erhellt: »Auch in diesem Jahr«, heißt es darin, »können Gartenbesitzer wieder Mostäpfel gegen Apfelsaft eintauschen.« Pfui Deibel, ruft da der Kenner und wundert sich nicht länger, daß im Berliner statistischen Jahrbuch das Stöffche unter den pingelig aufgeführten »Genußmitteln« fehlt. Erkundigt man sich beim Verkehrsamt oder bei der Hotel- und Gaststätten-Innung nach Kneipen, wo es einen guten Schoppe gibt, erntet man albernes Gekicher. Der Getränkemann weiß auch nichts Genaues: Da und dort in Kreuzberg, wo Studenten verkehrten, könne man »ihn« kriegen. »Der Berliner Arbeiter aber trinkt Bier und Schnaps«, sagt der Mann. Eine Molle Apfelwein wäre ja auch zum Piepen.

Klaus Viedebantt, vormals bei derselben Zeitung beschäftigt, hat in Hamburg Apfelwein entdeckt:

In der Hansestadt Hamburg wird die gesundheitsfördernde Wirkung gepriesen ...

Ebbelwoi hanseatisch

Hamburgs innerstädtisches Nobelviertel »Pöseldorf«, ein mit viel Geld und anglophilem Geschmack hergerichtetes ehemaliges Quartier von Handwerkern und Kleingewerbetreibenden, bietet dem Besucher eine vornehmlich teure und an Jet-set-Bedürfnissen ausgerichtete Gastronomie mit »old English« verkleideten Restaurationsbetrieben und Lokalen, die sich bis auf ihr Publikum als ausgesprochen stilechte Kutscherkneipen präsentieren. In dieser Umgebung, in der sich die flanierende Jeunesse dorée der ansonsten betont zurückhaltenden Hansestadt nach der Spurtstärke ihrer Sportwagen taxiert, wird man zurückhaltend gegenüber den Anpreisungen sogenannter Originalität eines Restaurants.

Wenn man derart eingestimmt als Besucher aus Frankfurt im Fenster einer schlichten Kneipe am Rande des Gebietes ein Schild mit der Aufschrift »Original Frankfurter Äpfelwein« entdeckt, wird man mißtrauisch. Sollte jetzt etwa gar unser gutes »Stöffche«, hierzulande immer wieder als Volksgetränk apostrophiert, als Anreiz für champagner- und whisky-verwöhnte Kehlen dienen und somit seines gutbürgerlichen Beigeschmacks verlustig gehen? Der erste Eindruck im Lokal scheint die Befürchtungen zu bestätigen. Da hängen ein paar Bembel als Blickfang über der Theke und dann seitlich an der Wand: das Personal und Szenarium vom »Blauen Bock« auf Postkarten, aber fein säuberlich eingerahmt und verglast. So prägt das Fernsehen den Begriff zeitgemäßer Frankfurter Volkskultur in aller Welt. Aber wer hätte in unseren Lokalen schon mal Bildchen von diesen Äpfelwoi-Offiziellen gesehen?

Doch der erste Eindruck täuscht, man will gar nicht »auf Frankfurt machen«. Die Stadt da unten im Süden interessiere einen kaum, erklären Wirt und Tresengäste übereinstimmend. Der Apfelwein schmecke aber recht gut, und deshalb werde er ausgeschenkt. Ob der nun aus Frankfurt komme oder sonstwoher, sei letztlich egal. Abgesehen von der für kulinarisch geschulte Schoppenbläser selbstverständlich völlig unmöglichen Behauptung, erweisen sich die Gäste aber als ganz umgänglich. Mit dem sonstigen Rummel ringsum wollen sie nichts zu tun haben. Und lernbegierig sind sie auch, sie wollen beim nächsten Mal einen Rauscher mitgebracht haben. Sie erwarten das Schlimmste.

Apple-woi texanisch

Das Frankfurter Nationalgetränk wird jedoch nicht nur innerhalb der Grenzen Deutschlands und Europas versandt, sondern auch nach Übersee. Der Ruf des Stöffche schallt in die ganze Welt. So hat die Frankfurter Großkelterei Possmann, im Erobern neuer Märkte immer an der Spitze marschierend, es nach jahrelangen Bemühungen jüngst geschafft, die Bezeichnung »Frankfurter Äpfelwein« auch in Texas schützen zu lassen. Schon seit mehreren Jahren exportiert das Haus nach Chikago und Los Angeles. Mit der Eintragung in das »Principal-Register« ist auf die Dauer von zwanzig Jahren sichergestellt, daß, wer in Texas Frankfurter Äpfelwein bestellt, auch wirklich echten Frankfurter im Glas hat und nicht etwa amerikanischen Cider. Daß der Apfelwein in Texas, ebenso wie am Main, ein Erfolg wird, ist wahrscheinlich. Macht doch nicht einmal die Aussprache den Amerikanern besondere Mühe.

Das Frankfurter Idiom geht auf Englisch glatt über die Lippen. Man kann sich leicht vorstellen, wie Sam Baggs auf seinem langen, staubigen Ritt von Laramie nach Sacramento unterwegs einkehrt, einmal in die Decke schießt und schleppend sagt: »One Apple-woi, please.«

Und schließlich ...

Am 24. Februar 1986 haben die Frankfurter erstmals – es war aber auch endlich an der Zeit – eine Äpfelweinkönigin gekrönt, Ute I., herzige Wirtstochter vom »Eichkatzerl« in Sachsenhausen. Das war eine recht schwere Geburt gewesen, denn es gab bereits eine »Keenichin« in Bergen-Enkheim, die wegen der Frankfurter Dame dann abdankte. Der Friede war wiederhergestellt. Über diese Episode ließe sich ein ganzes Kapitelchen füllen, aber Schwamm drüber, jetzt gibt es eine einzige für alle Äpfelwein-Untertanen in und um Frankfurt herum. (Selbstverständlich gibt es alljährlich eine »Neue«.)

Seit 1957 wird die Fernsehsendung »Der blaue Bock« ausgestrahlt. Unter anderen haben sie gestaltet Otto Höpfner, Lia Wöhr, Heinz Schenk und der »Kellner« Regnauld Nonsens.

In Frankfurt fährt seit Februar 1977 der Ebbelwei-Expreß, eine bunt bemalte Straßenbahn, in der Stöffche ausgeschenkt wird, dazu gibt es eine Brezel. Die Linie verkehrt stündlich samstags und sonntags. Ausgangs- und Endpunkt ist die Haltestelle am Zoologischen Garten.

Die Kelterei Possmann veranstaltet jedes Jahr einen Wettbewerb in Mundart-Dichtung für Amateur-Reimer. Gegenstand der Dichtkunst soll natürlich das Stöffche sein.

So, trotz schärfsten Nachdenkens fällt mir jetzt nichts mehr ein, was aber keineswegs etwas besagen will. Fragen Sie doch nächstens mal ihren Tischnachbarn, der weiß sicher noch was, denn das Stöffche ist ein schier unerschöpfliches Thema. Mir sind jetzt nach dem vielen Geschreibsel über Apfelwein die Finger fast wund geworden und meine Kehle quält ein höllischer Durst. Deshalb: »Mache ses gut un komme se aach unner kaan Schubkarrn, ich for mei Deil geh jetzt en Schobbe robbe.«

Äppelwein-Bruder
(Zeichnung von
Burnitz)

Gedichte und Lieder

Über den Apfelwein und die, die ihn trinken, sind unzählige Reime verfaßt worden. Vor allem in der zweiten Hälfte des vergangenen Jahrhunderts stand die Frankfurter Apfelweindichtung in hoher Blüte. Allen voran reimte Friedrich Stoltze. Er hat die Szene mit recht derbem Humor immer wieder treffend charakterisiert. Dagegen können sich die anderen Verse oft nur schwer behaupten. Das längste Gedicht übers Stöffche hat übrigens Georg Wilhelm Pfeiffer (1795–1871) geschrieben.

Frei nach dem Vorbild von Friedrich Schillers »Die Glocke« zieht sich »Das Lied vom Äpfelwein« in Sachsenhäuser Mundart über gut 17 Seiten. Auf seine Wiedergabe ist hier ebenso verzichtet worden wie auf viele andere »Verscher«. Die folgende kleine Auswahl wurde allein nach persönlichem Gusto zusammengestellt ohne Rücksicht auf etwaige »höhere« Kriterien. Der Reigen beginnt mit zwei Gedichten von Joachim Ringelnatz (1883–1934), von dem wohl nur noch wenige Frankfurter wissen, welch großer Verehrer ihrer Vaterstadt und des Apfelweins der alte Kuttel Daddeldu war.

Frankfurt am Main

Und vieles andere: Applaus und Wein,
Freunde und Freiheit, wie es immer hieß.
Am schönsten aber, wenn ich ganz allein
In einem Winkel, der die Grüße mied,
Das taumelnd Aufgewirbelte sich setzen ließ
Und ruhig Täuschendes vom Echten schied.
Dann gingen Gott und Teufel durch die Wände;
Dann sah ich Schiffe im Polar vereist
Und sah im Waschfaß deine fleißgen Hände.
Und ob mitunter läppisch oder feist
Die Nachbarschaft mich störte oder stank,
Was ich errechnete, war immer Dank
Nebst einer Rechnung über Apfelwein. –
Um diesen Winkel, diese Stunde –
So zwischen Tageslicht und Bühnenlicht –
Mag, so wie andres anderswo, Frankfurt am Main
Um mich gewesen sein,
Das weiß ich nicht.

Joachim Ringelnatz (1883–1934)

I Werbemittel der Firma Rackles um die Jahrhundertwende.

II Rezeptbroschüre der Kelterei Freyeisen.

III »Ur-Rackles«, Werbeplakat um die Jahrhundertwende.

IV Sendungen nach Shanghai, Buenos Aires, Chicago – auf dem Transportwagen der Firma Rackles.

V Flaschenetiketten führender Keltereien der Gegenwart.

VI Flaschenetiketten englischer, französischer und Schweizer Keltereien.

VII Das Rippenglas – nicht wegzudenken!

Frankfurt am Main
Januar 1924

Hier hab' ich den Teufel gesehn.
Er ging durch die schnurrigen Gassen
Und hat etwas fahren lassen
Abends vor zehn.

Fand wieder Freunde lieb und wert.
Und haben manche mich entdeckt.
Ich weiß: der Apfelwein schmeckt
Gut, aber er zehrt.

Wie du mich wohl wiedersiehst?!
Ich habe vor steifen Leuten
Einen Pferdeapfel gespießt.
Ob die sich innerlich freuten?

Mag es hier billig, teuer,
Interessant oder langweilig sein.
Mir ist dies Frankfurt am Main
So angenehm nicht recht geheuer.
Und mir gefällt's.

So nehme ich jede Fremde,
Als schliche ich nachts im Hemde
Durch Korridore eines Hotels.

Joachim Ringelnatz

Schweres Leiden

Herr Dokter, ach, ich leid' an Dorscht!
Dun Se merr was verschreiwe.
Ich bin e ehrlicher Hansworscht
un mecht gern lewe bleibe.

Es fehlt merr, ach, der rechte Zug,
un däglich weern ich blässer.
Ach, alle Stunn en Vertelkrug:
ich glaab, da werrd mer'sch besser!

Friedrich Stoltze (1816–1891)

Der Komet

Jetz laß uns noch recht lustig sei
un drinkt bedeitend Äppelwei
un eßt nor Kuche un Pastet,
weil doch die Welt bald unnergeht.

Un hippt so hoch als wie die Tern
un kißt die scheene Mäderchern;
dann die sin jetz net halb so spreed,
weil doch die Welt bald unnergeht.

Verbutzt des Geld nor unverzagt!
Un werdt err schließlich eigeklagt,
for's Stadtamt is es doch zu speet,
weil doch die Welt bald unnergeht.

Un nor kaa Forcht, weil's doch nix batt –
un werd't merr ja net rawiatt!
Nor lustig! bis zur letzt Trombeet!
Weil doch die Welt bald unnergeht.

Friedrich Stoltze

Stoffche hat Zauwerkraft

War nix uff Stoffche hält,
dar daut aam laad!
Nix su uff dare Welt
mecht aam su Fraad.

Not is e bitter Kraut,
Kummer e Last,
Stoffche mecht alles gaut,
Sorje un Brast.

Leihst de im Bett un schwitzt,
krank, ach, un wund,
wann de bei'm Stoffche sitzt,
bist de gesund.

Host de dich mied geschafft,
Stoffche, des werkt!
Stoffche hot Zauwerkraft,
Eppelwei stärkt!

Steiht derr die Gall eruff,
schworz aus der Seel,
gießt de e Stoffche druff,
warrscht de fideel.

Weiwer, die zänkisch sei
su alleritt,
sein se bei'm Eppelwei,
saufe se mit.

War nix uff Stoffche hält,
dar daut aam laad!
Nix su, uff dare Welt,
macht aam su Fraad.

Friedrich Stoltze

An den OB

Kaan Mensch werd Ihne driwwer schenne,
wer Borjermaaster will hier sei,
muß mindestens vertrage kenne
sei fuffzeh Schoppe Eppelwei.

Doch jetzt, Herr Borjermaaster, maan ich,
daß jeder hier sein Schoppe nimmt,
mit Ihne aasteeßt »Vivat aanig!«,
solang kaan Steueruffschlag kimmt.

Friedrich Stoltze

»Hör uff! Sie merke's!«

(In Sachsenhäuser Mundart)

»Dou Philipp häng de Kranz enaus
un mach dei Wertsstub leer,
un breng aach aus der Kich do draus
Dei Schoppegläser her.

Dei Spihlbrenk un den Vertelkrug,
un aach des Handkäsdippe,
mer zappe heint en feine Schluck,
paß uff! Wei werd sichs dricke.

Dou kannst aach bam Labons hernoch
e hunnert Zigorn kaafe.
Ich will der Zeit in'n Keller gieh,
den Äppelwei ze taafe.«

Su sproch der alte Hanjust einst,
derweil der Gruß' dout heize,
un in die Stub streut Zinnsand aach
von wegem viele Speuze.

Der Philipp mächt sich fort in Eil,
dat alles schie besorje,
un dat aach bei dem Nachbar Weil
noch e poor Bänk sich borje.

Un wei der Kranz jetzt draußer hängt,
da kame viele Männer,
von dribb un aus der Nachborschaft,
betuchte un aach Brenner.

Der Hanjust, der schenkt Schoppe ei
sa Großer dat se troge,
wu werd dann nor der Philipp sei,
su werd ihr mich jetzt froge.

Ja wu der is, des sog ich net,
des werd sich später finne,
doch vor der Hand werd nix geredt,
des kimmt der erscht ganz hinne.

Die Gäst, dei warn recht uffgeweckt,
gemietlich bei ihrm Schoppe,
der Äppelwei hatt'en geschmeckt,
des heert mer schont am Kloppe.

E Dal dat singe von Lieb un Laad,
e Dal dat deckele, e Dal spielt Skat,
e Dal dat werfele, e Dal verzählt,
der Aa dat schnorkse, der Aa krakehlt,
s'wor ewe, korz, wei iwerall,
bam Äppelwei, e Mordskrawall.

Uff aamol aber werd dersch stiller,
es werd net mehr su laut geredt,
mer heert aach fast gar net mehr kloppe
un aach kaa Singe heert mer net.

Der Äppelwei, vorher schee gehl,
un voller Kraft un Feuer,
der wor jetzt sauer, trieb un scheel,
un roch wei faule Eier.

Un manchmal heert mer leise brumme:
»Woß is denn an dem Äppelwei?
Von dem loß ich mer kaan mehr kumme,
der dout ja jetzt ganz annerscht sei.«

Uff amol hebt der Aa sa Glas
un dat dererscht draa rieche,

dann hält ersch aber an dei Gas
und hott ganz laut gekrische:

»A sog emal, woß mächste dann
nor met deim Äppelwei?
A gumol hei, do in mam Glas
do sein jo Dickköpp drei!«

Wei aber des der Hanjust heert,
do mächt er eiligst rechts um kehrt,
un laaft schnell an die Kellertrapp
un ruft ganz haamlich do enab:

»Philipp hör uff! Sie merke's!«

Un dei Moral von der Geschicht
soll für dei Zepper sei:
»Verdinnt met altem Rege nicht,
nemmt Wasser klor un rei!«

Paul Quilling (1846–1904)

Ewige Worte

Denn wer mit zwanzich Schobbe nie
die Trepp erabgekollert,
un wenns im Leib um Mitternacht
net uff die Gass gebollert,
der kennt aafach kaan Ebbelwei,
wär selbst er Ferscht un Kaiser.
Ich schwörs euch, Gott verhaach die Kist!
als echter Sachsehäuser.

Zufridde

Ich waaß mer wo e Plätzi
ganz nah un dicht am Wald,
da nemm ich mit meim Schätzi
am liebste Uffenthalt.

Hoch uff dem Baum der Finke
singt noch beim Awendschei,
indes mer unne drinke
en Bembel Äppelwei.

Die Luft is klar un heiter,
nix regt sich in der Näh,
der Blick schweift weit un weiter
bis zu der Taunushöh.
Dort in de Feldberghäuser
verglüht der letzte Schei,
wir flüstern leis un leiser
beim Bembel Äppelwei.

Es rauscht der Maa voriwer
dorch's prangende Geländ,
mir mache kaa Gediwer
un dricke uns die Händ.
Es dampfe rings die Wisse,
die Dämm'rung bricht erei,
mir dun uns haamlich kisse
beim Bembel Äppelwei.

Un wann der Himmel drowe
mit Sternercher sich schmückt,
werd langsam haamgeschowe
un dorch den Wald gerückt.
Was herzt mich da mei Schätzi:
»Du Liebster, Du bist mei!
Wie schee war doch des Plätzi
beim Bembel Äppelwei.«

Adolf Stoltze (1842–1933)

Mein Äppelwei

In Frankfort uff de Braategaß
emal e Wertshaus stand,
da lag e Stöffche in dem Faß,
des iwerall bekannt.

Der Gärtner Rupprecht hat dadrin
en Äppelwei verzappt,
daß jedermann is gern dahin
zur Braategaß gedappt.

Drei Rupprechts Döchter warn im Haus,
wie Äppelcher so sieß,
rotbäckig, rundlich un dorchaus
aach net e bissi mies.

Die Jingst, des dat die »Sannche« sei,
die ward mei Großmama.
Drum hängt die Lieb zum Äppelwei
bis heutzutag merr aa.

August Marx (1875–1954)

Liebesbrief eines Sachsenhäusers

Na, ich kann's net mehr verwinne,
was mer in meim Herze leit,
Wörter for'sch Gefiehl zu finne
is gewiß kaa Klanigkeit.

'S muß eraus, Sie holdes Wese,
's muß eraus uff alle Fäll;
was ich schreib, Sie solles lese,
ehnder werd mein Kopp net hell.

Seit ich Ihne bin begegnet
uff der Kerb in Owerrad,
(Damals hat's so arg geregent
un mir zwaa sin haamgewaat'),

Seit dem Tag, na Gott sell's wisse,
schmeckt mer gar kan Äppelwein,
schmeckt mer aach kan rechter Bisse
Worscht, un sellt's aach Geelworscht sein;

Seit dem Tag, des waaß 's Gewitter,
was des nor bedeute soll,
stickt mersch doch in alle Glidder,
is mersch grad, als wär ich toll.

Guck, mich soll der Deiwel hole,
wann ich net noch narrig wer',
grad als wie uff haaße Kohle
ritsch ich der als hin un her.

Des is Lieb, ja, Gottverdammich,
Lieb, so wahr ich Haansler bin.
Wersch net glawe will, der kammich
– na, – heint halte mersch im Sinn.

Doch ich schwörsch beim beste Schoppe
Sachsehäuser Äppelwein,
schwrösch beim allerfeinste Troppe,
der nor uff der Welt kann sein:

Eh die nächste Pfingste komme,
wo der Mensch in's Wäldche gieht,
haw ich Dich zur Fraa genomme,
un des is des End' vom Lied!

Johann Jakob Löhr (1824–1886)

Der Äppelwei-Kalender

Statts Friehling, Sommer, Herbst un Winter
hat mer im Äppelwei-Kalender –
von dem e echt- und treugesinnter
Geschworner als erprobter Kenner
sich sicher un getrost läßt leite –
vier annern Jahr- und Sonnezeite.

Des Jahr beginnt erscht for Geschworne
im »Weinmond« mit der Zeit vom *Sieße,*
den als en glänzlich ungegorne
Vertröstungstrank se froh begrieße
un den se aber gern zum prasse
de mehrscht de Weiwer iwerlasse.

Net lang denach kimmt mehr for Männer
die Zeit vom *Rauscher,* den se prowe
un den die Rund- un annern Brenner
als Richter tadle oder lowe
je nach der Meinung, die in Hecke
er for die Zukunft dut erwecke.

Dann awer folgt die Zeit vom *Neue*
un dut nach glicklichem Gelinge
jed' Gorjel un jed' Herz erfreue
un Heil un Sege dene bringe,
die erd'sche Gawe un Genisse
verständnisvoll zu werdige wisse.

Un endlich dut die Zeit vom *Alte*
als Schlußperiod, die aach kaa bitter
Gefiehl erregt, ihrn Einzug halte...
Un iwersch Jahr dann pflegt sich widder
an's selig End die Zeit vom Sieße
als froher Anfang anzeschließe!

Julius Jacob Strauss (1867–1942)

In diesem Hause wurde Friedrich Stoltze am 21. November 1816 geboren. Stoltzes Vater war der Wirt des »Rebstock«, was für den Dichter und seine Liebe zum Frankfurter Apfelwein von erheblicher Bedeutung werden sollte.

Die Fraa Rauscher aus de Klappergaß

1. Am Sonndag warn mer dribb de Bach,
was hamer do gelacht,
so warn zwaa Eheleut beschleucht
unn hawe Krach gemacht.
Uff aamal duds en dumpfe Schlag,
die Fraa lieht uff de Gass
unn alle Kinner singe laut
des mecht en Heidespass:

Die Fraa Rauscher aus de Klappergass,
die hoot e Beul am Ei,
ob des vom Rauscher, obs vom Alte kimmt,
des klärt die Bolizei:

2. En Griene hot den Fall geseh'
un kimmt im Laafschritt aa.
Der Ehemann ruft ganz erschreckt,
ich hab er nix gedaa.
Mei Alt, die kennt kaa Maß un Ziel,
die hot zu viel gebaaft,
drumm hot der liewe Herrgott sie
mit aaner Beul gestraft:

Die Fraa Rauscher aus de Klappergass,
usw.

3. Jetzt gehts uffs Bolizeirevier,
die Buwe hinerdrei.
Des is en intressanter Fall,
des leucht doch jedem ei.
De Kommissar is ganz empeert
un segt, des is doch doll.
Der Griene, wie sich des geheert
der gibt zu Protokoll:

Die Fraa Rauscher aus de Klappergass,
usw.

4. Jetzt wärs genug, die Rauschern hat
sich mit ihrm Mann versöhnt,
des kennt mer schon un is mer aach
in solche Fäll gewöhnt,
doch so en beeser Zeitungskerl dut
mehr als wie seine Pflicht,
am annern Dag stehts dick un braat
im Bolizeibericht:

Die Fraa Rauscher aus de Klappergass,
usw.

Das Lied wurde am 12. November 1929, 11.00 Uhr 12 Minuten, in der ehemaligen Mainzer Weinstube, Kaiserhofstraße 8, Inhaber C. C. Morhard, aus der Taufe gehoben. Der Dichter des Liedes ist der Frankfurter Graphiker Kurt Eugen Strouhs, der im Jahre 1935 auf der Insel Mallorca gestorben ist. Vertont wurde der Schlager von dem Redakteur Norbert Bruchhäuser. Über die »Geburt« des Schlagers besteht eine Urkunde im Gästebuch der ehemaligen Mainzer Weinstube, das sich im Besitz von Frau Jutta Fleischer, Tochter von Morhard befindet. Um Mißverständnissen von Nicht-Frankfurtern vorzubeugen, mit dem »Alte« im Refrain ist natürlich der »alte« Apfelwein gemeint.

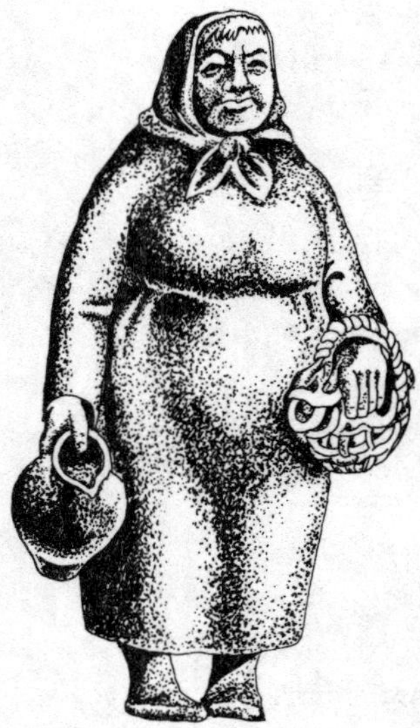

»Frau Rauscher«
(nach ihrem Denkmal
von Georg Krämer
in der Klappergaß)

Der Fichtekranz

Viel hunnert Lieder klinge
vom Rewesaft am Rhei'
doch nerjens hört mer singe
e Lied vom Aeppelwei'.
Ihr in der Welt do drauße,
Ihr wißt net, wie er schmeckt,
bis Ihr in Sachsehause
de Fichtekranz entdeckt.

Refrain: Steckt do e Haus de Kranz eraus,
Hurrah! do werd ja gezappt!
Do kimmt geschwind, grod wie de Wind,
die ganz Gemaa gedappt;
do klinge die rippige Gläser
do läute die Bembel de Baß
do saufe die Steuweöser
des herrliche goldene Naß!

Er lääft so glatt erunner
un bizzelt uff de Zung.
Er stärkt – des is kaa Wunner –
die Lewwer un die Lung'.
For alle Art Gebreste,
for alle Sorte Schmerz,
do is er stets des Beste;
er mächt aam froh des Herz.

Refrain:

Bei so'me klare Drobbe
do bleibt de Kobb aam klar,
do guckt die Welt am rosig
aus alle Ecke aa,
un des hot all der oosig
gut Aeppelwei' gedah.

Refrain:

Ja – predigt Ihr nur Wasser, –
Ihr Mucker – Klerisei,
Ihr Welt- und Menschenhasser;

– ich bleib meim Stoffche treu!
Un rieft emol de Herrgott mir,
do fahr ich ab mit Glanz,
ich hoff, dort an de Himmelsdihr,
hängt aach en Fichtekranz!

Refrain:

Dieses Preislied auf den Sachsehäuser Appelwei – den »Sachsehäuser Appelwei-Walzer« – dichtete und komponierte im Jahre 1900 der Sachsenhäuser Conrad Becker.

Rezepte für Speisen und Getränke

Beginnen wir mit den Speisen. Beginnen wir mit dem Einkauf, denn vor das Kochen hat der Herr das Kaufen gesetzt.

Ein alter Frankfurter Dialog gibt das Elend wieder.

Im Metzgerladen:

Kunde: Ich hätt gern e Rippche!
Metzger: Rippcher hab ich grad kaa, awwer ich hätt e schee Leitersche fier sie!
Kunde: Ich will awwer e Rippche!
Metzger: Un da hätt ich noch e schee Zung!
Kunde: Ich will awwer e Rippche, mit ihrm Leitersche könnese mer de Buckel enunnersteie un mit ihrer Zung könnese mich...!

Zur Sache: Apfelwein läßt sich bei fast allen Gelegenheiten einsetzen, bei denen auch Wein zugegeben wird, als da sind vor allem die Saucen, aber auch zum Dünsten von Früchten, Äpfel, Birnen, Kirschen und zum Kochen von Sauer- oder Rotkohl. Die folgende Zusammenstellung soll nur einige Anregungen vermitteln.

Noch ein Wort zuvor: Sie wissen, Apfelwein hält schlank. Ein Viertel Liter enthält nur rund 85 Kalorien, Weißwein dagegen beinahe das Doppelte.

Joule-Tabelle:

1 Glas Apfelwein 250ccm hat 84,5 K = 355 KJ
Die gleiche Menge:
Weißwein 152 K = 638 KJ, Exportbier 112 K = 470 KJ, Apfelsaft 120 K = 504 KJ, Rotwein 173 K = 727 KJ, Eierlikör 422 K = 1772 KJ, Sekt (trocken) 226 K = 949 KJ, Trinkbranntwein 462 K = 1940 KJ, Weinbrand, Cocnac 550 K = 2310 KJ, Whisky 1000 K = 4200 KJ.

Einfache Apfelwein-Suppe

Man läßt 1 1/2 Liter Apfelwein mit etwas ganzem Zimt, Zitronenschale, 4 Gewürznelken und Zucker nach Geschmack kochen, gibt in den Apfelwein 1 Eßlöffel Kartoffelmehl, mit kaltem Wasser angerührt, läßt die Suppe klar kochen und richtet sie über gerösteter Semmel, Zwieback oder kleinen Makronen an. Ist die Suppe zubereitet, kann man sie mit 2 Eigelb abziehen.

Eine andere Art wird folgendermaßen bereitet: Man bringt 1 1/2 Liter Apfelwein zum Kochen, rührt 1 1/2 Eßlöffel Kartoffelmehl mit kaltem Wasser daran, läßt den Wein, den man mit Zucker gesüßt hat, noch einige Minuten kochen und gibt mit dem Löffel eine beliebige Anzahl der schon vorher hergerichteten Schwemmklöße (auch unter dem Namen Schwammklöße oder Nocken bekannt) zu. Wenn die Klöße gar sind, nimmt man sie mit dem Schaumlöffel heraus und legt sie in eine Schüssel, weil sie beim Ausschütten leicht zerfallen könnten. Nun kann man die Suppe entweder noch mit zwei Eigelb abziehen, oder man gießt sie klar in die Terrine und legt dann die Klöße hinein.

Kerbelsuppe

4 Eßlöffel feingehackter Kerbel, 1 Eßlöffel Zwiebel, 2 Eßlöffel Butter, 1 l Fleischbrühe, 0,1 l Apfelwein, 3 Eigelb, 0,2 l Sahne, Salz, Lorbeerblatt, frisch gemahlener Pfeffer. Butter, Zwiebel und Kerbel andämpfen, mit Brühe und Apfelwein auffüllen, Lorbeerblatt dazugeben und 10 Minuten kochen lassen. Eigelb mit Sahne verquirlen, in die Suppe rühren und mit Salz und Pfeffer abschmecken. Für Feinschmecker: etwas Sahne zurückbehalten, schlagen und auf jede Portion ein Klecks davon anrichten.

Fleisch

Rindsragout in Apfelwein

800 g Rindfleisch (Schulter, Bug), 4 Zwiebeln, Salz, 125 g fetter Speck, 3 Tomaten, Pfeffer, 1 kleines Döschen Champignons, 1/4 l Fleischbrühe, 1/4 l Apfelwein, 1 Eßlöffel Tomatenmark.

Rindfleisch in Streifen schnetzeln oder in 2 cm breite Würfel schneiden. Zwiebeln klein würfeln, ebenso den Speck. Tomaten überbrühen und häuten, dann kleinschneiden. Champignons halbieren. Speck in einem Schmortopf auslassen, Zwiebeln und Fleisch hinzufügen und das Fleisch unter ständigem Wenden einige Minuten anbraten.

Jetzt erst salzen und pfeffern. Mit dem größten Teil der Fleischbrühe und des Apfelweins begießen, Tomaten und Tomatenmark unterrühren. Leicht pfeffern und salzen.

Bei mäßiger Hitze ungefähr 1 1/2 Stunden weich schmoren. Nur wenig Flüssigkeit nachgießen, das Ragout soll sehr dick sein. Fünf Minuten vor Ende der Garzeit Champignons dazugeben. Vor dem Anrichten abschmecken. Reis, Kartoffelpüree oder Toast und einen Salat der Saison dazu reichen.

Normannischer Fleischtopf

1 kleine Poularde ca. 800 g, 600 g mageres Siedefleisch, 3/4 l Apfelwein, 3/4 l Wasser, Hühnerbouillonwürfel für 1/2 l Flüssigkeit, 1 gespickte Zwiebel, 1 großer, säuerlicher Apfel, geschält und in Schnitze geschnitten, 1 Eigelb, 0,1 l Rahm, 2 gestrichene Teelöffel Maizena, 2 Eßlöffel Calvados, Pfeffer aus der Mühle.

Apfelwein und Wasser mit den Hühnerbouillonwürfeln und der Zwiebel zum Kochen bringen. Das Siedefleisch und die Poularde hineinlegen und köcheln lassen. Die Poularde nach 60 Minuten herausnehmen und in Portionsstücke teilen. Das Siedefleisch ca. 60 Minuten weiterkochen, bis es weich ist, herausnehmen und in Scheiben schneiden. Die Apfelschnitze während den letzten 10 Minuten mitkochen. Eigelb, Rahm und Maizena verrühren, 0,3 l der Kochbrühe dazugießen und unter ständigem Rühren zum Kochen bringen. Mit Calvados und Pfeffer abschmecken. Das Fleisch in der restlichen Kochflüssigkeit erhitzen, anrichten und die Sauce darüber verteilen. Mit den Apfelschnitzen umlegen und mit einem körnigen Reis servieren.

Türkische Lammschulter

1 Stück ausgelöste Lammschulter ca. 800g, 1 Knoblauchzehe, 1 Eßlöffel Kräutersenf, 4 Eßlöffel Öl, Salz, Pfeffer, 2 große Zwiebeln, 600g Tomaten, 1/8 l Apfelwein, 1/8 l Fleischbrühe, 3 Eßlöffel gemischte gehackte Kräuter: Majoran, Thymian, Rosmarin.

Fleisch waschen und trocken tupfen, Knoblauchzehe schälen und in sehr feine, dünne Stifte schneiden. Lammschulter damit spicken. Senf und 1 Eßlöffel Öl verreiben, den Braten damit rundum bestreichen. Zwiebeln in dünne Ringe, geschälte und entkernte Tomaten in große Würfel schneiden. Restliches Öl im Bräter erhitzen, Lammschulter darin rundum anbraten. Nun Zwiebeln, Tomaten, Apfelwein, Brühe und Kräuter sowie etwas Salz und Pfeffer zufügen. Bei mäßiger Hitze oder im Ofen bei 210 Grad ca. 1 1/2 Std. gar schmoren. Soße gut durchrühren. Braten darin servieren.

Rind- oder Schweinebraten einmal anders!

Das Fleisch in eine Schüssel legen und mit Apfelwein und Apfelsaft sauersüß übergießen. Zwiebel, Pfeffer und Salz dazugeben. Einen Tag im Sud ziehen lassen und dann anbraten. Mit Brühe auffüllen und mit Mehl verquirlen, damit die Soße dicker wird.

»Der Trojanische Krieg findet nicht statt«

Frankfurterisches

Frankfurter Lauchgemüse

Fünf Porreestangen längs halbieren, in daumenlange Stücke schneiden. 2 Eßlöffel Essig, 3 Eßlöffel Apfelwein, etwas Salz, Pfeffer, Zucker und 1/8 l Wasser aufkochen.

Die Porreestücke dazugeben und bei kleiner Hitze 20 Minuten schmoren. 2 Eßlöffel Butter darüber verteilen. 1 Eßlöffel gehackte Petersilie darauf streuen. Vier Paar Frankfurter Würstchen dazugeben und zugedeckt auf dem Porree in etwa 10 Minuten garziehen lassen. Mit Brezeln oder Brötchen und einem Glas kühlen Apfelwein servieren.

Frankfurter Weißkrautgericht

1 Kopf Weißkraut, 1 Eßlöffel Schmalz, 1 geriebene Zwiebel, 1 Glas Apfelwein, Zitronensaft, 4 frischgekochte Pellkartoffeln, 1/4 l saure Sahne, 2 Eigelb.

Das Weißkraut in feine Streifen schneiden, in Salzwasser einige Minuten kochen, danach abgießen und das Kraut in den Topf zurückgeben. Schmalz, Zwiebel, Apfelwein und etwas Zitronensaft hinzufügen und durchdünsten lassen. Schichtweise mit den geschälten und in Scheiben geschnittenen Pellkartoffeln in eine feuerfeste Form geben. Sahne und Eigelb verquirlen und über das Gericht gießen. Im heißen Ofen backen, bis der Guß goldbraun ist. In der Form auf den Tisch bringen. Eine köstliche Beilage zu Frankfurter Würstchen.

Pikanter Reissalat

Nehmen Sie 2 Tassen gekochten Reis, geben Sie eine handvoll kleine, frische Apfelstückchen, 1 handvoll Rosinen (vorgeweicht) und etwas Curry dazu.

Vermischen Sie das Ganze mit einer leichten Salatmarinade, etwas salzen, und geben Sie je nach Geschmack einen guten Schuß Apfelwein zu.

Rosenkohl mit Apfelmischung

1 kg Rosenkohl, 100 g Speck, 2 große Zwiebeln, 500 g Äpfel, 1/4 Tasse Apfelwein, Salz, Pfeffer, Aromat (Fondor).

Den Rosenkohl in Salzwasser nicht zu weich kochen. Unterdessen den Speck in Würfel schneiden und auf kleiner Flamme auslassen, die Zwiebel ebenfalls würfeln und dazugeben. Nach ca. 10 Min. die geschälten, entkernten und klein geschnittenen Äpfel darunterheben. Mit einer viertel Tasse Apfelwein anschütten, kochen lassen, bis alles etwas musig ist. Dann würzen. Rosenkohl abgießen und zu der Apfelmischung geben, warm stellen und durchziehen lassen. Servieren Sie diesen Rosenkohl mit Kartoffelbrei.

Äppelwein und Frankfurter Werscht – in der Luft.
Farblitho, 1909 von Kneiß, München, anläßlich der Internationalen Luftfahrt-Ausstellung in Frankfurt a. M.

Fisch

Matjeshappen „hessisch“

300 g gewässerte, abgetropfte Matjesfilets, 1/2 Paprikaschote, je 2 Zwiebeln und Delikatessgurken kleinschneiden.

Mit einer Tasse Ananaswürfel, einigen Pfefferkörnern, einem Teelöffel Senfkörner, 2 Eßlöffel Essig und 1/4 l Apfelwein mischen. 1 bis 2 Tage zugedeckt ziehen lassen, mit Toast, Brötchen oder Brezeln zu Tisch bringen.

Kabeljaubraten (für 4 Personen)

800 g Kabeljau, 1 Zwiebel, Suppengrün, 1 Glas Apfelwein, 30 g Butter, 1/2 Zitrone, 2 Eßlöffel Sahne, Petersilie, Kerbel, Schnittlauch, Salz, Pfeffer.

Den gesalzenen und gepfefferten Fisch auf einer feuerfesten Platte in den Ofen geben. Die Zwiebel in dünne Scheiben schneiden und mit dem Suppengrün dazugeben. Mit Apfelwein übergießen und bei mittlerer Hitze 35 Minuten garen lassen. Aus dem Ofen nehmen. Erst etwas Wasser dem Sud beigeben, dann den Zitronensaft. Den Fisch damit übergießen. Mit Kräutern bestreuen und die Sahne beimischen.

Mit Kreolenreis servieren.

Heilbutt auf Apfelwein

Den Heilbutt in einer Mischung aus Apfelwein, Salz, Pfeffer und feingehackten Zwiebeln 10 bis 15 Minuten, je nach Gewicht, dünsten. Den Fisch herausnehmen und warmhalten.

Apfelwein auf großer Flamme erhitzen und Sahne beigeben bis eine dicke Soße entsteht. Soße über den Fisch geben.

Forellen in Gelee „Grande Duchesse" (6 Personen)

Vorbereitung: 15 Minuten, Kochzeit: 15 Minuten.

6 mittelgroße Forellen, 1/4 Flasche Apfelwein, 1 Zitrone, 1/2 Stange Porree, 2 hartgekochte Eigelb, Gelee.

Dünsten Sie die Forellen in einem Apfelweinsud. Nach dem Dünsten erkalten lassen. Nach Entfernen der Haut auf zerkleinerte Geleemasse legen. Jede Forelle mit Porree und Eigelb garnieren.

Seezungenfilet mit Apfelwein (für 4 Personen)

2 schöne Seezungen, 20 bis 25 kleine Weintrauben von nicht zu süßen, grünen Weintrauben, 5 cl Calvados, 2 Glas Apfelwein, 1 Bund Suppengrün, Salz, Pfeffer, 4 Teelöffel Sahne, 50 g Butter.

Mit der Spitze eines kleinen Messers werden die Weintraubenkerne vorsichtig herausgetrennt, dann die Haut von den Trauben abgezogen. Das Fruchtfleisch etwa 1 Stunde lang in Calvados einweichen. Kopf und Gräten der Seezunge mit Apfelwein, Suppengrün, Salz und Pfeffer in eine Kasserolle geben und 15 Minuten kochen lassen.

Das Ganze durchseihen und noch einmal zum Kochen bringen. Die Seezungenfilets hinzufügen und 5 Minuten ziehen lassen. Abtropfen und auf der Wärmeplatte warmhalten. Bei kleiner Flamme Sahne und Butter dem Sud beigeben und gut unterrühren. Die Weintrauben in Calvados hinzufügen, kurz erhitzen und über die Filets geben.

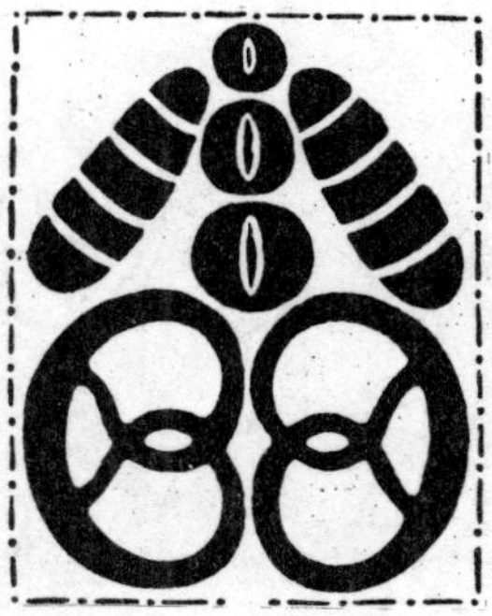

Apfelwein-Creme

$^1/_2$ l Apfelwein, 4 Eier, etwas Stärke als Bindemittel, 50 g Zucker.

Das Gelbe verrühren Sie mit dem Apfelwein und kochen es mit dem Zucker und dem Bindemittel. Das Eiweiß schlagen Sie zu Schnee und verrühren es mit der kochenden Masse. Dann in eine Form gießen und erkalten lassen.

Apfelwein-Pudding

1 Päckchen Vanillepudding, 2 Eßlöffel Zucker, $^1/_2$ l Apfelwein.

Das Ganze kochen Sie wie einen normalen Milchpudding und füllen es in eine Glasschale. Mit Keksen belegen. Obenauf noch einen Schokoladenpudding geben. Nach dem Erkalten stürzen und in Portionsstücke schneiden. Besonders zu empfehlen an heißen Tagen.

Getränke

Stöffchebowle

Vier Orangen und drei Bananen schälen, klein schneiden, in ein Bowlengefäß geben. 3 Eßlöffel Zukker, je 2 Gläschen Apfelschnaps (Calvados) hinzufügen. 30 Minuten ziehen lassen, 2 l gekühlten Apfelwein dazugeben; nach Wunsch noch mit etwas Zitronensaft und abgeriebener Zitronenschale abschmecken.

Kalte Ente – frankforterisch

In 1 l Apfelwein geben Sie 1 Eßlöffel Zucker, 2 Scheiben Zitrone (naturreine Schale!), lassen das Getränk 15 bis 20 Minuten ziehen und die prächtigste Bowle ist fertig. Mineralwasser nach Wunsch und Bedarf. Bei großer Hitze kühl serviert ist die Kalte Ente eine herrliche Erfrischung, und Sie werden sie auch sonst gerne trinken.

Pfirsichbowle

Nachdem die Haut der frischen Pfirsiche abgezogen ist, werden sie in feine Scheiben geschnitten, lagenweise mit gestoßenem Hutzucker fest bestreut und womöglich mehrere Stunden, am besten einen ganzen Tag, zum Ausziehen in einem verschlossenen Gefäße aufbewahrt. Man nehme auf 1 Pfund Pfirsiche 2½ Liter Apfelwein.

Erdbeerbowle

Ein guter Teller voll frischer schöner Erdbeeren (Walderdbeeren verdienen den Vorzug) wird, nachdem dieselben schnell abgewaschen, in eine Bowle gegeben, schichtweise mit Hutzucker bestreut (ca. 200 Gramm) und etwas umgeschwenkt, damit sich der Zucker mit den Erdbeeren verbindet. So läßt man die Bowle möglichst 6–8 Stunden gut zugedeckt stehen, gibt dann 2½ Liter Apfelwein hinzu und gießt es durch ein Haarsieb ab. Vor dem Servieren kommt eine Handvoll frischer Erdbeeren hinzu.

Erdbeeren in Dosen können sofort verwendet werden, der Saft wird mit hinzugenommen.

Apfelbowle (für 8 Personen)

75 g weißer Kandiszucker, 1/8 l Wasser, 1 unbehandelte Zitrone, 750 g saftige Äpfel, 4 Flaschen Apfelwein, 2 Flaschen Sekt.

Den Zucker mit Wasser zum Kochen bringen und rühren bis er sich löst. Die Zitrone waschen, trockenreiben und die Schale möglichst dünn zu einer langen Spirale abschälen. Den Saft auspressen und zu der Zuckerlösung geben. Die Äpfel waschen, vierteln, entkernen und in sehr dünne Spalten schneiden. In einem Bowlengefäß mit der Zuckerlösung mischen und mit einer Flasche Apfelwein übergießen. Das Bowlengefäß gut verschließen und im Kühlschrank etwa 1 Std. durchziehen lassen. Dann herausnehmen und vor dem Servieren den restlichen gekühlten Apfelwein und den Sekt zugießen. Damit die Apfelbowle hübsch aussieht, die Zitronenschale in die Bowle hängen.

Selleriebowle

Schöne junge Sellerieköpfe werden gereinigt, in dünne Scheiben geschnitten, schichtenweise mit gestoßenem Hutzucker kräftig bestreut, einen ganzen Tag zum Ausziehen stehen gelassen, hierauf Apfelwein und Zucker je nach Geschmack zugesetzt; der Geschmack ist einer Ananasbowle nicht unähnlich.

Orangenbowle

Man nimmt auf 2 1/2 Liter Apfelwein eine Frucht, reibt 3 Stück Hutzucker in der Schale ab, schneidet dann die Frucht durch und preßt den Saft in den Wein. Hierbei ist darauf zu achten, daß keine Kerne mit in die Bowle kommen, dazu ca. 200 Gramm aufgelösten Zucker. Die Bowle ist fertig. Sehr hübsch ist es bei diesen Bowlen, wenn man 1–2 feine Scheiben der betreffenden Frucht aufbewahrt hat und kurz vor dem Gebrauch in die Bowle gibt.

Cocktails

5 Teile Apfelwein, 4 Teile Calvados, 3 Teile Curacao-orange, etwas Angosturabitter, 1 Spritzer Williams-Birne, 1 Apfelscheibe, Eiswürfel

oder

2 Teile Apfelwein, 1 Teil Wodka, 1 Teil Cointreau, 1 Maraschino-Kirsche, 1/2 Scheibe Orange, sehr kalt servieren.

Apfelwein Long Drink

Halb Apfelwein – halb Wodka, ein paar Spritzer Bitter Curacao mit Apfelscheiben garnieren.

Frankforder Wulle-Wulle

Apfelscheiben in Apfelsaft und Calvados leicht dünsten, Apfelwein dazugeben und vor dem Servieren mit eiskaltem trocknen Sekt auffüllen.

Apfelwein-Punsch

Wie Glühwein, nur beim Servieren ein Weinglas voll guten Arrak oder Weinbrand zugeben.

Lokalverzeichnis

Wie schon erwähnt, erhebt das nachfolgende Verzeichnis von Apfelweinwirtschaften in und um Frankfurt keinen Anspruch auf Vollständigkeit, es gibt allenfalls einige Hinweise. Die Definition, was heute noch eine typische Apfelweinwirtschaft ist und was nicht, ist schwierig. Fast überall wird Bier inzwischen zusätzlich ausgeschenkt. Von uns wurde als bestimmendes Merkmal der hier wiedergegebenen kleinen Auswahl angesehen, daß die Wirte selbst keltern. Die gebotenen Schoppen sind von sehr unterschiedlicher Qualität. Sicher ist, daß jeder Wirt auf seinen eigenen Schoppen schwört, und zwar auf diesen allein, was den Gast jedoch nicht hindern sollte, den Gewächsen trotzdem kritisch gegenüberzustehen. Es gibt Tropfen darunter, die uns ausgezeichnet schmeckten, wir haben aber auch manchen „Sockestopper" gekostet. Urteilen Sie selbst!

Bergen

„Zur alten Post", Marktstr. 50, Tel.: 06194/22421, geöffnet tägl. ab 10.00 Uhr, Mittwoch ab 14.00 Uhr Ruhe, eigene Metzgerei.

Berkersheim

„Zum Lemp", Inh. Erwin Steinmetz, Obergasse 12, geöffnet Di., Do., Sa., So. ab 15.00 Uhr, Garten.

Bornheim

„Zur Eulenburg", Inh. Otto Rumeleit, Eulengasse 46, Tel.: 451203, geöffnet tägl. ab 17.00 Uhr, Dienstag Ruhetag, eigene Schlachtung, Garten, eines der typischsten Apfelweinlokale in Frankfurt.

Harheim

„Zum goldenen Löwen", Inh. Heinrich Schaak, 6 Ffm.-Harheim 56, Reginastr. 6, geöffnet tägl. ab 16.00 Uhr, Montag Ruhetag, schöner Garten unter alten Trauerweiden, ideal zur Einkehr während einer Radtour längs der Nidda.

Heddernheim

„Momberger", Alt Heddernheim 13, Tel.: 576666, geöffnet tägl. ab 16.00 Uhr, Samstag Ruhetag, kleiner Garten.

Louisa

„Zur Buchscheer", Tel.: 635121, geöffnet tägl. ab 15.00 Uhr, Dienstag Ruhetag, Garten.

Maintal-Hochstadt

„Zur Krone", Inh. Jörg, Hauptstraße. Geöffnet tägl. 11.00 bis 14.00, 17.00 bis 24.00 Uhr, Dienstag Ruhetag.

Neu Isenburg

„Apfelwein-Föhl", Inh. Werner Stahl, Marktplatz 1, Tel.: 06102/39669, geöffnet tägl. ab 16.30 Uhr, Dienstag Ruhetag, Garten.

„Delrieux", Inh. Ludwig Greulich, Frankfurter Str. 118, Tel.: 06102/39077, geöffnet tägl. ab 17.00 Uhr, Mo., Di., Sa., So. 11.30 Uhr bis 14.00 Uhr, Donnerstag Ruhetag.

„Grüner Baum", (Perrot-Kraus) Inh. Hartmut Souard, Marktplatz 4, Tel.: 06102/38318, geöffnet tägl. 11.30 bis 14.30, 17.00 bis 24.00 Uhr. Räumlichkeiten für Gesellschaften, eigene Schlachtung, Garten. Montag Ruhetag.

Nieder-Erlenbach

„Grillmayer's Abbelwoi-Stübchen", 6 Ffm.-Nieder-Erlenbach 56, Tel.: 06193/42570, geöffnet tägl. ab 17.00 Uhr, Mittwoch Ruhetag.

Nordend

„Zur Stalburg", Glauburgstr. 80, Tel.: 557934, geöffnet tägl. ab 13.00 Uhr, So. ab 16.00 Uhr, Donnerstag Ruhetag, Garten.

Oberhöchstadt

Gaststätte „Naussauer Hof", Inh. Heinrich Sachs, Oberurseler Str. 28, 6242 Kronberg 2, Tel.: 06173/63692, großer Garten, geöffnet tägl. ab 11.00 Uhr, Mittwoch Ruhetag.

Praunheim

„Concordia", Inh. Erich Schuch, Alt Praunheim 13, Tel.: 761004 und 762484, geöffnet tägl. ab 16.00 Uhr, Mittwoch Ruhetag, freitags Musik im Garten, Hausschlachtung.

Sachsenhausen

... ist eigentlich ein Kapitel für sich. Im ursprünglichen „Apfelwein-Viertel" existieren vielleicht noch rund ein Dutzend halbwegs typischer Apfelwein-Wirtschaften. Sie alle aufzuzählen führt zu weit; ihre Namen kennt jeder: „Klaane Sachsehäuser", „Lorsbacher Tal" (Große Rittergasse 49), „Dauth-Schneider", „Fichtekränzi" usw. Einen besonderen Hinweis verdienen das „Gemalte Haus" und die Gaststätte „Wagner" in der Schweizer Straße sowie die „Germania" und der „Kanonensteppel" in der Textorstraße. In den drei zuletzt Genannten trifft sich seit Jahren vor allem die Jugend.

Schwanheim

„Frankfurter Hof", Alt Schwanheim 8, Tel.: 355238, geöffnet tägl. ab 15.00 Uhr, Montag Ruhetag, Garten.

Seckbach

„Zum Rad", Leonhardsgasse 2, Tel.: 453128, geöffnet tägl. ab 17.00 Uhr, Garten.

Sossenheim

Gasthaus „Hainer Hof", Inh. H. H. Schnappenberger, Kelterei, Schlachterei, Fremdenzimmer, Schaumburger Str. 23–25, Tel.: 0611/342691, tägl. geöffnet ab 16.00 Uhr, Sonntag Ruhetag.

„Zum Löwen", Familie Hild, Alt Sossenheim 74, Tel.: 0611/341357, eigene Schlachtung, tägl. geöffnet ab 16.00 Uhr, Montag Ruhetag.

Steinbach

Gasthaus „Zum Schwanen", Inh. W. Kiontke, 6374 Steinbach/Ts., Tel.: 06171/71760, geöffnet tägl. ab 17.00 Uhr, Montag Ruhetag.

Weißkirchen

Gasthaus „Zum Taunus", Inh. Anton Rühl, 6373 Weißkirchen/Ts., Kurmainzer Str. 50, Tel.: 06171/73477, geöffnet tägl. ab 16.00 Uhr, Sonntags von 11.00 bis 15.00 Uhr, eigene Schlachtung.

Das Deutsche Weingesetz

und seine Ausführungsverordnung

Die Herstellung von Obst- und Beerenwein unterliegt auch nach Inkrafttreten des Weingesetzes, das am 26.7.1969 verkündet wurde (Bundesgesetzblatt Ziff. 60 vom 19.7.1969) dem Deutschen Weingesetz vom 15.7.1930 und seinen Ausführungsbestimmungen. In dem neuen Weingesetz befinden sich keinerlei Bestimmungen, die Fruchtweine betreffen. Es soll aber die sogenannte Obst- und Fruchtweinverordnung erlassen werden, die im EG-Raum gültig sein soll.

Für den gewerblichen Hersteller sind nach wie vor die §§ 1, 9 und 10 des alten Weingesetzes von großer Wichtigkeit.

Der § 1 besagt:

Wein ist das durch alkoholische Gärung aus dem Safte der frischen Weintraube hergestellte Getränk.

§ 9 lautet:

Es ist verboten, Wein nachzumachen.

Der wichtigste Paragraph, der vor allem in den Ausführungsbestimmungen die Obst- und Beerenweinherstellung regelt, ist § 10.

§ 10 lautet:

(1) Unter das Verbot des § 9 fällt nicht die Herstellung von dem Weine ähnlichen Getränken aus dem Safte von frischem Stein-, Kern- oder Beerenobst, sowie aus Hagebutten oder Schlehen, aus frischen Rhabarberstengeln, aus Malzauszügen oder aus Honig.

(2) Wein darf bei der gewerbsmäßigen Herstellung der im Abs. 1 bezeichneten Getränke nicht verwendet werden. Die Ausführungsbestimmungen können auch die Verwendung anderer Stoffe beschränken oder untersagen sowie bestimmen, welche Stoffe verwendet werden dürfen, und Vorschriften über die Verwendung geben.

(3) Die in Absatz 1 bezeichneten Getränke dürfen im Verkehr als Wein nur in solchen Wortverbindungen bezeichnet werden, welche die Stoffe kennzeichnen, aus denen sie hergestellt sind. Werden solche Getränke mit Phantasienamen bezeichnet, so muß der Bezeichnung eine Angabe über die Stoffe beigefügt werden, aus denen sie hergestellt sind.

Ausführungsbestimmungen zum § 10

... Bei der Herstellung von Apfel- oder Birnenwein

10. der Zusatz von technisch reinem, nicht färbendem Rüben-, Rohr-, Invert- oder Stärkezucker zu

Apfel- oder Birnenmost bis zur Erreichung eines Mostgewichtes von höchstens 55 Grad Öchsle;

11. der Zusatz eines wäßrigen Auszuges der abgepreßten Apfel- oder Birnentrester, sofern dadurch nicht mehr Wasser hinzukommt, als einem Zehntel der gesamten Flüssigkeit entspricht;
12. der Zusatz von höchstens 3 g reiner Milchsäure auf 1 l.

... *Verzeichnis der genormten Getränkesorten*

Die Herstellung folgender Erzeugnisse ist zugelassen – der Gehalt an flüchtigen Säuren ist jeweils als Essigsäure, der Gehalt an nichtflüchtigen Säuren als Weinsäure berechnet –:

Gruppe 1 Kernobstweine[1]

a) *Apfelwein, extra*
mindestens 5,5 Raum-H.-T. Alkohol = 43,6 g im Liter
höchstens 1,0 g im Liter flüchtige Säuren
mindestens 22 g im Liter zuckerfreien Extrakt

c) *Apfelwein*
mindestens 5,0 Raum-H.-T. Alkohol = 39,7 g im Liter
höchstens 1,0 g im Liter flüchtige Säuren
mindestens 20 g im Liter zuckerfreien Extrakt

[1] Es ist notwendig, alljährlich Kennzahlen über die Zusammensetzung der Säfte bestimmter Kernobstarten aus einer Reihe geschlossener Anbaugebiete zu ermitteln. Diese Kennzahlen sollen sich sowohl auf zuckerfreien Extrakt sowie auf Asche und Alkalität der Asche beziehen. Sie sollen die Grundlage für eine umfassendere Beurteilung der Kernobstweine der verschiedenen Jahrgänge abgeben.

Adressen

Geräte für den Kellereibedarf führt:

Pumpencenter Wiesbaden-Schierstein
Hüttenstr. 8
6200 Wiesbaden
Telefon 06121/21091

Forschung:

Forschungsanstalt für Weinbau, Gartenbau, Getränketechnologie und Landespflege
Von Lade Str. 1
6222 Geisenheim/Rhein
Telefon 06722/5021

Verbände:

Verband der deutschen Fruchtwein- und Fruchtschaumwein-Industrie e. V.
Konstantinstr. 3
5300 Bonn 2

Verband der Hessischen Apfelwein- und Fruchtsaft-Industrie e. V.
Sudetenstr. 18
6370 Oberursel 5

Quellen

Baumann, Josef: *Handbuch des Süßmosters,* 5. neubearbeitete Auflage, Verlag Eugen Ulmer, Stuttgart, 1959.

Dauenhauer, Richard: *Aepfelwein und Heckenwirtschaften in Alt Bornheim,* handschriftliche Aufzeichnungen, 1932, im Besitz von Otto Rumeleit, Eulengasse 46, Frankfurt.

Lüthi, Hans: *Gärführung und Behandlung der Obstweine im Kleinbetrieb,* 2. Auflage, Verlag Huber & Co. Aktiengesellschaft, Frauenfeld, Schweiz, 1952.

Müller, Heinz, P.: *Frankforter Ebbelwei-Bichelche,* Selbstverlag, Frankfurt, 1968.

Schad, Hermann: *Der Aepfelwein und seine Geschichte,* etwa 1952, ohne Angabe des Verlages.

Schanderl, Hugo und Koch, Julius: *Die Fruchtweinbereitung,* verbesserte 6. Auflage, Verlag Eugen Ulmer, Stuttgart, 1972.

Warcollier, G.: *Cidrerie,* 3. Auflage, Librairie J.-B. Baillière et Fils, Paris, 1928.

Außerdem habe ich herzlich zu danken: Otto Rumeleit, dem Wirt der „Eulenburg“ in Bornheim, ein ausdauernder Quell mündlicher Überlieferung, Günter und Werner Possmann von der gleichnamigen Kelterei in Rödelheim, beide Sachkenner von hohen Graden, sowie meinem Freund Wolfgang Saalfeld, Oberstudienrat am Wöhler-Gymnasium in Eschersheim und Frankfurter mit Leib und Seele, der mir bei den Recherchen an der Front stets hilfreich zur Seite stand.

CIP-Kurztitelaufnahme der Deutschen Bibliothek

Gotta, Frank:
Aus einem goldenen Apfel : d. Apfelwein, un was es driwwer zu saache gibt / Frank Gotta. – Frankfurt am Main : Societäts-Verlag, 1979.
ISBN 3-7973-0346-7